HIST⬤

FEB 2003

15751

Ricardo Lucena Ferrero

HISTORIA
DE LA EDUCACIÓN
EN LA ESPAÑA
CONTEMPORÁNEA

ACENTO
EDITORIAL

Diseño de cubierta: Alfonso Ruano / César Escolar

© Ricardo Lucena Ferrero, 1999
© Acento Editorial, 1999
   Joaquín Turina, 39 - 28044 Madrid

Comercializa: CESMA, SA - Aguacate, 43 - 28044 Madrid

ISBN: 84-483-0424-1
Depósito legal: M-6479-1999
Preimpresión: Grafilia, SL
Impreso en España / *Printed in Spain*
Huertas Industrias Gráficas, SA
Camino Viejo de Getafe, 55 - Fuenlabrada (Madrid)

ÍNDICE

INTRODUCCIÓN

La historia de la educación en España —o mejor, la del sistema educativo español, nacido a principios del siglo XIX— está plagada de grandes aciertos y mayores errores, originales innovaciones y singulares pasos atrás, magníficos pedagogos y mezquinos visionarios.

Esto ha producido que, en demasiadas ocasiones, iniciativas que podían haber supuesto avances de gran magnitud en la situación educativa del país, hayan sido desechadas tan sólo por provenir del adversario político. No en vano señala Ricardo Díez Hochleitner que *la reforma de un sistema educativo tiene consecuencias netamente políticas, además de las culturales y económicas.* Lo que parece idea común a los autores de los dos últimos siglos es la creencia de que la educación es pieza clave para el sostenimiento del sistema político del momento.

Tal vez sea ésta la raíz por la cual la lectura de bibliografía sobre el tema se convierte en un recorrido zigzagueante entre múltiples decretos, leyes y órdenes contradictorias entre sí, de manera que pocas llegan a perdurar lo suficiente como para que sus resultados, si los hubiera, hayan podido ser evaluados.

Existe en la línea argumental de este libro una serie de temas recurrentes que han centrado la problemática político-educativa.

El primero que merece la pena seguir con detenimiento es el enfrentamiento ancestral entre quienes otorgan a la Iglesia un papel preponderante en la organización educativa y aquellos que desplazan el poder de ésta a un segundo plano, o incluso abogan por la existencia exclusiva de la escuela laica. En cierto modo es un problema que todavía hoy persiste en el asunto de la obligatoriedad o no de la asignatura de religión en nuestras escuelas.

Un segundo aspecto que será constante a lo largo de estas páginas enfrenta a quienes ponen el acento en la libertad de enseñanza contra aquellos que otorgan mayor peso a la igualdad de oportunidades en el acceso y desarrollo en la misma.

En relación con esta idea se pueden encontrar dos visiones opuestas de la educación: una elitista, según la cual el sistema debe ayudar a perpetuar la situación socioeconómica existente, y otra igualitaria, desde la que se aboga por un sistema educativo que ayude a eliminar las diferencias socioeconómicas merced a una educación más generalizada. Este problema cobra especial relevancia en la enseñanza secundaria, donde se dan dos planteamientos: los primeros persiguen la implantación de una enseñanza secundaria con fines meramente propedéuticos, esto es, sólo cursada por aquellos alumnos que desean y tienen posibilidades de acceder a la universidad; desde el segundo punto de vista, la enseñanza secundaria debe proporcionar a todos los ciudadanos una formación común que les permita enfrentarse a las demandas de la sociedad. Aquí también enraíza profundamente el dualismo enseñanza pública *versus* enseñanza privada.

Por último, debemos resaltar que las sucesivas reformas que ha ido experimentando nuestro sistema educativo siempre han sido intentos para mejorar su calidad. Pero aquí nos encontramos con el gran conflicto por resolver, tanto dentro como fuera de nuestras fronteras, y es el concepto mismo de calidad de enseñanza. Esta idea va estrechamente ligada a factores ideológicos, de manera que si unos la definen en función de los resultados académicos (el buen sistema es aquel en el que los alumnos reciben, procesan y acumulan mucha información), otros opinan que la calidad depende de múltiples factores: el aprendizaje de los alumnos, las relaciones con sus compañeros, la satisfacción del profesorado y las familias, etc.

En definitiva, no parece una tesis muy realista pretender estudiar la situación del sistema educativo en base a criterios meramente «técnicos», ya que este concepto en sí mismo entraña ya otra ideología: cualquier propuesta de sistema educativo parte de un determinado planteamiento ideológico. Por ello, la organización de la enseñanza debe analizarse desde los presupuestos sociopolíticos de cada época, sin descontextualizarlo de su realidad histórica.

1
EDUCACIÓN E ILUSTRACIÓN EN EL ANTIGUO RÉGIMEN

1.1 Situación española en el siglo XVIII

Vamos a trazar, en líneas generales, cuál era la situación de la sociedad española hasta finales del siglo XVIII.

La sociedad del Antiguo Régimen, regida por una moral de servicio y sumisión, se dividía en tres estamentos fuertemente delimitados: nobleza, clero y pueblo llano.

El retraso con respecto a Europa era grande: apenas existía industria; las comunicaciones eran malas; la población, fundamentalmente rural, estaba empobrecida; existían grandes latifundios, usura, mendicidad, etc.

El panorama educativo, con una población analfabeta en su inmensa mayoría, tampoco era mejor, y en modo alguno se puede hablar de un sistema organizado. Hay que subrayar también la importancia que, en lo educativo, tuvo la expulsión de los jesuitas de España en 1767.

En lo referente a la *educación elemental,* los nobles contaban con preceptores. También algunas parroquias disponían de escuelas primarias. Por último, los ayuntamientos podían mantener alguna escuela, con profesorado sin la adecuada preparación, sujetos al control de la Hermandad de San Casiano, cuya función era examinar a los futuros maestros, siendo la única organización con capacidad de expedir títulos.

Segunda enseñanza. Se impartía en la universidad, en facultades menores, constituyendo un paso intermedio hacia la enseñanza superior. También existía algún colegio religioso, sobre todo de jesuitas y escolapios, dirigidos a nobles, así como preceptores.

Universidad. Era la única estructura educativa medianamente organizada. Estrechamente unidas a la Iglesia, aunque algunas (como la de Valencia) dependían del municipio.

En cuanto a los contenidos de la enseñanza, no se incorpora ningún saber moderno, siendo la repetición el único método de enseñanza. No se emplea la experimentación ni la observación, produciéndose aprendizajes puramente memorísticos.

1.2 El movimiento ilustrado

Una vez presentada la situación española del siglo XVIII, vamos a ver algunas características de la Ilustración.

Este movimiento cultural, nacido en Francia, persigue el cambio social a partir de la razón y la experimentación. Rousseau señala que la educación hace al hombre bueno y libre. Condorcet aboga por la transmisión de saberes útiles y señala que los males son consecuencia de la ignorancia. Se tiene una fe ciega en la racionalidad científica, que se emplea para criticar el pasado y construir un futuro diferente. Por tanto, la educación se convierte en el instrumento óptimo para lograr objetivos político-sociales. Desde el punto de vista pedagógico, se critican las enseñanzas tradicionales y se proponen contenidos más prácticos (ciencias naturales, lenguas vivas en lugar de las clásicas, civismo...). Los métodos deben ser los basados en la experimentación.

España recibió el influjo de la Ilustración europea, aunque con cierto retraso y matices diferenciadores por su diferente situación social y su particular decadencia económica y cultural, que hace perder al país el ritmo de la Europa desarrollada. Esta decadencia sólo fue contenida por algunos hombres que inician el movimiento ilustrado en el país, destacando entre todos ellos Gregorio Mayans (1693-1781) y Feijoo.

Benito Feijoo.—Fray Benito Feijoo (1676-1764), auténtico precursor de la Ilustración española, dedica toda su vida a la enseñanza en la Universidad de Oviedo. Conoce las ideas de numerosos autores europeos a través de sus obras (lee a Bacon, Descartes, Newton y otros muchos) y canaliza la entrada de las ideas de la Ilustración europea a España. Considera que para alcanzar el bien es necesario el trabajo y el estudio: por ello, la instrucción es imprescindible. Siguiendo a los ilustrados europeos, opina que esta instrucción debe ser práctica y experimental. La memoria no es el método adecuado: se debe recurrir a la lógica de la razón natural.

1.3 Reinado de Carlos III (1759-1788)

La corriente ilustrada hace que, en torno al reinado de Carlos III, ciertas personalidades de la cultura, política y clero promuevan una serie de cambios. Movidos por un espíritu liberal —en lo económico, que no en lo político—, buscan reformar la economía española. Para esta modificación consideran como principal recurso la instrucción pública, a la que atribuyen la capacidad de cambiar la sociedad.

Podemos resumir las características que debería reunir dicha instrucción en las siguientes:

• Su objetivo final era lograr el avance económico y moral del país.
• Los contenidos debían ser prácticos.
• Dirigida por el mandato único del rey.
• Debía existir una educación elemental, común a todos los hombres.

En esta línea cabe destacar el esfuerzo realizado por las Sociedades Económicas de Amigos del País (también impulsadas por los ilustrados, fundamentalmente por el ministro Campomanes). Eran centros que se encargaban de la educación de los obreros, con unas enseñanzas muy prácticas. Además, promovían debates sobre temas de actualidad, organizaban conferencias y realizaban otras actividades de difusión cultural.

Entre ellas destaca la Sociedad Vascongada, con una preparación dirigida a ambos sexos, que duraba cinco años. Para los varones los temas fundamentales eran la agricultura, el comercio y las «artes» (medicina, botánica, etc.), y para las mujeres aquellos temas relacionados con el «saber estar», normas de urbanidad, primeras letras, etcétera.

También cabe mencionar la Sociedad Económica de Amigos del País de Madrid (Sociedad Matritense), fundada en 1775. Cobraron importancia sus cuatro escuelas patrióticas, ubicadas en diferentes barriadas de la capital y dedicadas a formar trabajadores de la industria textil. También creó, entre 1780 y 1808, seis escuelas industriales: escuela de encajes, escuela de bordados, escuela de blondas, colegio de educación de la Sociedad, escuela del Retiro y escuela de flores de la Reina (patrocinada por la reina María Luisa en 1796 para hacer flores artificiales). También funcionaron dos escuelas de artes y oficios. En definitiva, la Sociedad Matritense perseguía favorecer el desarrollo económico, a través de la formación de una mano de obra cualificada, en centros cuya matrícula era gratuita.

Gaspar Melchor de Jovellanos (1744-1811).—Nacido en Gijón, se forma en la época de Carlos III, recibiendo el influjo de las corrientes reformadoras europeas: Voltaire, Rousseau, Adam Smith...

A lo largo de su vida contó con el apoyo y el rechazo sucesivo de los mandatarios nacionales: amigo de Carlos III, cuando éste muere es apartado de la vida política y confinado en Gijón. En esta época funda el Real Instituto Asturiano (1794), la primera escuela técnica especial de España. Su objetivo era, cuando España se preparaba para el nacimiento de la era industrial, formar técnicos especializados.

Nombrado ministro de Gracia y Justicia en 1797, es destituido en 1798 y luego injustamente deportado a Mallorca, hasta que, al subir al trono Fernando VII, es puesto en libertad. José Bonaparte le ofrece el Ministerio del Interior, que él rechaza, prefiriendo representar a Asturias en la Junta Central de Defensa. Muere en Vega de Eo (Asturias) al huir de Gijón, cuando es tomada por los franceses.

Convencido de que el único camino para transformar la sociedad era la educación, abogaba por una instrucción popular, universal, laica, pública, que uniese teoría y práctica. Como él mismo escribió, «las fuentes de la prosperidad social son muchas; pero todas ellas nacen de un mismo origen, y este origen es la instrucción pública. Ella es la que las descubrió, y a ella todas están subordinadas».

Escribe numerosas obras, entre las que podemos destacar su *Memoria sobre la instrucción pública,* muy influida por el pensamiento del francés Condorcet.

1.4 Reinado de Carlos IV (1788-1808)

El mandato del sucesor de Carlos III coincide con el estallido de la Revolución Francesa, por lo que se cierran las puertas a la entrada de ideas ilustradas en la certeza de que eran éstas las que habían impulsado el espíritu revolucionario. Así, surge el «cordón sanitario» con el que Floridablanca pretendía impedir la entrada de influencias extranjeras, son desterrados o apartados del poder hombres de espíritu ilustrado (como Jovellanos o Campomanes), etc.

No obstante, siguen produciéndose tímidos avances en el panorama educativo. Entre ellos destacamos la creación del Real Instituto Pestalozziano, debida a Godoy.

Pestalozzi (1746-1827).—Nacido en Zúrich, crea un método educativo de gran éxito en la época. Considera que educar es desarrollar al máximo la propia capacidad natural. El maestro debe preparar el ambiente para ofrecer todas las posibilidades al niño para el autoaprendizaje. Se aprende a través de los sentidos, la experiencia. También destaca la importancia de la madre como primera educadora.

En 1806 se inaugura en Madrid este Real Instituto Pestalozziano, que suponía la penetración de ideas educativas novedosas (que serían el germen del movimiento de la Escuela Nueva cuyo auge se produce en torno al nacimiento del siglo XX). Sin embargo, en 1808, y a pesar de los excelentes informes redactados acerca del centro, alegando motivos económicos, Godoy ordena su clausura, con lo que se pierde una buena oportunidad de hacer avanzar a España en este ámbito.

En el año 1807 se produce un intento de renovación en las universidades, plasmado en el Plan Caballero. Su objetivo, muy apoyado por los sectores más conservadores de la Iglesia, era lograr uniformizar los planes de estudio y aumentar el control ideológico. Para ello impone el de Salamanca. Además reduce a once las universidades. Apenas llegó a aplicarse, debido al comienzo de la guerra de la Independencia.

Los catecismos civiles y políticos

Cuando se habla de la Revolución Francesa y la propagación de sus ideas, no debe obviarse la influencia de los *Catéchismes politiques*. En ellos se exponen de forma fácilmente comprensible, redactados en forma de preguntas y respuestas, los aspectos clave de este movimiento. El objetivo era promover formar al pueblo en los aspectos básicos de la democracia.

Estos textos llegan a España y se traducen. De igual modo, se crean también catecismos puramente españoles.

Siguiendo a Capitán Díaz, distinguimos tres etapas en el desarrollo de estos escritos:

a) *Periodo de iniciación:* se puede situar entre la última década del siglo XVIII y la primera del XIX. Consiste fundamentalmente en traducciones y adaptaciones de los franceses; también aparecen los primeros catecismos propiamente españoles, entre los que destaca el *Catecismo católico-político,* de 1808.

b) *Periodo de perfeccionamiento,* entre los años 1812 y 1814, en apoyo de la Constitución gaditana y rebosante de patriotismo y espíritu antifrancés. Podemos señalar entre ellos el *Catecismo político arreglado a la Constitución de la Monarquía Española para ilustración del pueblo, instrucción y uso de las Escuelas de primeras letras,* de 1812. La vuelta del absolutismo de Fernando VII en 1814 imposibilita la publicación de más catecismos.

c) *Periodo de madurez,* entre 1820 y 1823: durante el trienio constitucional surgen los catecismos más genuinamente españoles, en defensa y para dar a conocer la Constitución de 1812, recién jurada por el rey.

2

LA EDUCACIÓN DESDE LA GUERRA DE LA INDEPENDENCIA HASTA LA MUERTE DE FERNANDO VII (1808-1833)

En 1808, con los sucesos de Bayona y la guerra de la Independencia, se produce un cambio profundo en el panorama educativo.

Desde esta fecha y hasta la muerte de Fernando VII, en 1833, la política educativa sufriría los vaivenes de dos planteamientos opuestos: de un lado, el de los liberales representados en las Cortes de Cádiz; de otro, los partidarios del Antiguo Régimen, con el rey a la cabeza, que desean perpetuar la situación existente hasta entonces.

2.1 La educación liberal de las Cortes de Cádiz

Los liberales, en cierto modo, pueden ser considerados como los continuadores de las ideas ilustradas de Condorcet, Jovellanos y otros, aunque con algunas modificaciones. También beben de la fuente de la Revolución de 1789. Apuestan por un régimen político en que los ciudadanos (que no vasallos) puedan elegir a sus representantes.

Esta ideología liberal la vemos reflejada en la Constitución de 1812. Dentro de ella, el título IX se refiere a la instrucción pública, que es considerada, coincidiendo en esto con los ilustrados, como la mejor herramienta para la transformación social. Los seis artículos dedicados a este tema tratan aspectos que serán temas clave a lo largo del siglo, entre los que destacamos los siguientes:

• *En todos los pueblos de la Monarquía se establecerán escuelas de primeras letras...* (art. 366).
• *El plan general de enseñanza será uniforme en todo el reino...* (art. 368).
• *Todos los españoles tienen libertad de escribir, imprimir y publicar sus ideas políticas...* (art. 371).

El sustento ideológico de este articulado es el que ya los ilustrados señalaron: la única forma de progresar es la instrucción. La democracia que comienza a adivinarse precisa de hombres formados.

Una vez aprobada la Constitución, se nombra

una Junta de Instrucción Pública para desarrollar dicho título IX. A tal fin, el poeta Manuel José Quintana elabora su crucial *Informe de la Junta creada por la Regencia para proponer los medios de proceder al arreglo de los diversos ramos de la Instrucción Pública* (el famoso «Informe Quintana») en 1813, en el que expone los principios básicos que retomarán posteriormente el *Dictamen y Proyecto de Decreto de arreglo general de la enseñanza pública* de 1814 y el *Reglamento* de 1821.

El *Informe,* que recibe el influjo del *Rapport* de Condorcet y de las *Bases para la formación de un Plan General de Instrucción Pública* de Jovellanos, supone el primer intento de crear un sistema de instrucción completo en España, con tres niveles educativos. En él se señalan las características básicas que la instrucción pública debe reunir: igualdad, universalidad de la primera enseñanza, uniformidad —obtenida merced a una inspección de la instrucción pública a cargo del gobierno—, gratuidad y libertad de elección del centro docente.

El *Dictamen,* dividido en catorce títulos, se limita a dar forma legal al *Informe.*

Como gran novedad podemos señalar que por primera vez la enseñanza secundaria adquiere sentido por sí misma, al margen de la universidad. Es interesante observar que ya se plantea aquí un problema que será recurrente prácticamente hasta la actualidad: la disyuntiva entre enseñanza secundaria entendida de forma restrictiva y elitista, como unos estudios preparatorios para la enseñanza superior, o de forma más comprensiva, como un nivel educativo con sentido en sí mismo para ampliar la educación de los ciudadanos.

Conviene advertir que todo este proyecto se refería exclusivamente a la educación que debían recibir los varones. Las mujeres y niñas recibirían una educación doméstica y moral.

Sin pretender menospreciar la gran importancia que históricamente ha tenido el *Dictamen,* como principal error se debe señalar que pecó de utópico, fundamentalmente en el aspecto de la gratuidad, en un país colocado al borde de la ruina. En todo caso, no llegó a debatirse en las Cortes. El 4 de mayo de 1814, tras el pronunciamiento militar del general Elío, Fernando VII anula por decreto la Constitución de 1812 y todas las leyes que la desarrollan, «...*como si no hubiesen pasado jamás tales actos, y se quitasen de en medio del tiempo...*».

2.2 El regreso al absolutismo de Fernando VII (1814-1820)

Con la vuelta al absolutismo se inicia una etapa que

supone el exilio o la muerte de los ilustrados y los liberales. Los asuntos educativos vuelven a ser competencia de la Iglesia, uno de los grandes baluartes del régimen absolutista, a través del Consejo de Castilla y del Ministerio de Gracia y Justicia. Para la universidad en un principio se aplicó el muy conservador *Plan Caballero* (1807). Sin embargo, debido a las diferentes presiones de los sectores más reaccionarios, es derogado de nuevo, con lo que momentáneamente se vuelve al plan de 1771, mientras se genera una nueva organización de los estudios. Resulta ingenuo subrayar que Fernando VII no apostaba por la modernización de la instrucción pública: pretendía mantener lo existente en el Antiguo Régimen, algo demoledor para las ideas de progreso defendidas por los liberales y para el necesario desarrollo del país.

2.3 El trienio constitucional (1820-1823)

Con el levantamiento de Riego (1820) y el juramento por Fernando VII de la Constitución de 1812 se inicia el llamado *trienio constitucional*, en el que los liberales, ahora divididos en moderados y exaltados, disponían, aunque de modo sumamente endeble, del poder por vez primera.

Mientras se preparaba el nuevo programa educativo, vuelve a aprobarse de manera provisional el *Plan Caballero* para regir la universidad. La instrucción pública pasa de nuevo a ser competencia del Ministerio de Gobernación (en lugar del de Gracia y Justicia), lo que suponía la pérdida de poder de la Iglesia en este campo.

Las Cortes retoman las ideas de la Constitución de 1812, de tal manera que el 29 de junio de 1821 se aprueba el *Reglamento general de instrucción pública*, que en realidad reproduce las ideas, sin apenas variación, del *Decreto* de 1814. De hecho, se crea una Dirección General de Estudios cuya presidencia ostenta Quintana: el mismo que redactó el Informe de 1813.

Es necesario señalar la escasa vigencia que este *Reglamento* tuvo por los múltiples problemas con que hubo de enfrentarse: críticas, tanto de los absolutistas como de los liberales exaltados; el derecho de veto legislativo del monarca que dificultaba enormemente su aplicación; la falta de recursos económicos y la escasez y baja formación de los maestros; por último, la vuelta al absolutismo en 1823 imposibilitó el desarrollo de las disposiciones complementarias imprescindibles para la aplicación del *Reglamento*. Aun así, no puede obviarse su importancia, ya que sentó las bases de un nuevo tipo de educación, propuesto por los liberales, que más adelante estarían muy presentes en la *Ley Moyano*.

2.4 La década ominosa (1823-1833)

Con la entrada en España del ejército francés (los Cien Mil Hijos de San Luis), se inició un nuevo periodo de absolutismo: la *década ominosa*.

Esta época se inicia, como ya ocurriera en 1814, con la persecución de los liberales y el intento por regresar a la situación del siglo anterior. Es más, Fernando VII declara «*nulos y de ningún valor todos los actos del gobierno llamado constitucional*». Así pues, la historia se repite. En el plano educativo, los poderes recaen una vez más sobre el secretario de Gracia y Justicia, en ese momento Tadeo Calomarde, quien aprueba planes educativos para los tres niveles de enseñanza, siempre bajo la tutela de la Iglesia.

El primero de ellos es el *Plan literario de estudios y arreglo general de las universidades del reino*, o *Plan Calomarde* (1824), del que resaltamos las siguientes características:

- Uniformidad de los planes de estudios universitarios.
- Centralización y control absoluto del Estado.
- Eliminación de las ideas liberales.
- Protagonismo y poder eclesiástico.

En 1825 se aprueba el *Plan y Reglamento de escuelas de primeras letras,* que aceptaba ciertas propuestas del *Informe Quintana*, aunque con un objetivo muy diferente al que éste perseguía: «formar buenos cristianos y vasallos aplicados y útiles».

El *Reglamento general para las escuelas de latinidad y colegios de humanidades,* también de 1825, regulaba la enseñanza secundaria, cuyos contenidos eran los clásicos (ya en franca decadencia), y que estaba bajo el mandato del rey y la Iglesia.

3

LA EDUCACIÓN DURANTE LA DÉCADA LIBERAL (1833-1843)

Con la muerte de Fernando VII (1833) se inicia un periodo conocido como *década liberal:* años de gran convulsión nacional y enfrentamiento entre tradicionalistas y liberales (guerras carlistas); por otro lado, años de división liberal (moderados contra progresistas).

Una vez comienza la regencia de María Cristina, se producen de forma sucesiva una serie de transformaciones de importancia política, entre las que destacamos dos: por un lado, los altos cargos de corte absolutista son sustituidos por otros de talante más moderado; por otro, se potencia el centralismo político mediante determinadas medidas administrativas, como la creación del Ministerio de Fomento, responsable de la instrucción pública y dotado, por primera vez, de un presupuesto propio para ésta.

3.1 El Plan del duque de Rivas

Se pone en marcha de nuevo la Dirección General de Estudios, presidida una vez más por Quintana. Este órgano se encarga de preparar el *Plan general de Instrucción Pública,* conocido como «Plan del duque de Rivas», entonces ministro de Gobernación. Se aprueba por real decreto el 4 de agosto de 1836 y a los pocos días es derogado por cuestiones de forma, ya que, según la Constitución de 1812, debía ser aprobado por las Cortes. Por tanto, debía tener rango de ley, no de decreto.

A pesar de su brevísima vigencia es innegable la importancia que tuvo al sentar las bases de lo que sería la política educativa liberal desde ese momento, que resumimos en los siguientes aspectos:

• En contra de lo expuesto en el *Reglamento* de 1821, la instrucción ya no debe ser gratuita. El porqué de este cambio de postura lo explica el propio duque de Rivas en un escrito de 1836: *«La enseñanza gratuita jamás ha producido los efectos que se esperaban de ella [...]. La enseñanza primaria es la única que conviene generalizar [...] porque no hay ni una situación ni una circuns-*

tancia en la vida que no la necesite. Pasando más allá, todos los demás conocimientos se van haciendo cada vez menos necesarios a la generalidad de los ciudadanos, y circunscribiéndose a ciertas y determinadas clases [...] que gozan de ciertas comodidades, y que por consiguiente no carecen de medios para pagarla».

• Carácter elitista de la educación secundaria: ya no es considerada una prolongación de los estudios básicos, sino un paso hacia los estudios superiores.

• Libertad de enseñanza.

• Centralización administrativa de la instrucción.

El plan, dividido en 134 artículos, trata sucintamente todos los aspectos de la enseñanza: los tres grados, profesorado, centros públicos y privados, métodos, administración educativa...

Éstas son sus principales características:

• Divide la instrucción primaria pública en elemental y superior, dirigida por el Ministerio de Gobernación (en otros momentos llamado de Fomento).

• Regula la incorporación de los maestros a sus puestos de trabajo después de pasar por las escuelas normales.

• Organiza la enseñanza secundaria en dos niveles.

• Regula la tercera enseñanza: métodos, acceso del profesorado por oposición...

• Se regula la enseñanza privada para todos los niveles educativos, imponiéndole escasas limitaciones tal y como corresponde al concepto liberal de la enseñanza.

Al ser derogado, la Dirección General de Estudios prepara un «arreglo provisional» muy incompleto y que no contentó a nadie.

3.2 Proyectos del marqués de Someruelos

Una vez aprobada la Constitución de 1837, tras la desamortización de Mendizábal, y siendo imprescindible la creación de una legislación para el sistema educativo, el marqués de Someruelos, del gobierno moderado, presentó dos proyectos de ley en 1838.

• *Proyecto de ley para la enseñanza secundaria y superior,* que seguía en lo fundamental al Plan del duque de Rivas. No llegó siquiera a ser aprobado por el voto negativo en el Senado tanto de progresistas como de conservadores: los primeros, porque el proyecto imponía importantes restricciones a la enseñanza privada; los segundos, porque se expropiaban rentas de diversas instituciones privadas para poder crear institutos públicos.

• *Ley para la enseñanza primaria:* es la *Ley Someruelos,* de 1838. Sigue también la pauta marcada por el duque de Rivas: la escuela primaria se divide en elemental y superior, posibilidad de gratuidad para niños pobres en ciertos casos, apertura de escuelas de adultos... También ordena la creación de una Escuela Normal Central en Madrid, dirigida por Pablo Montesino. Para darnos cuenta de la importancia de esta norma (a pesar de no incorporar novedades de peso), baste decir que estuvo en vigor hasta la Ley Moyano de 1857: una duración de casi veinte años que sorprende en esta época en que generalmente la legislación educativa, si es que llegaba a ser aprobada, disfrutaba de cortísima supervivencia.

Pablo Montesino (1781-1849).—Nace en Fuente del Carnero (Zamora) y muere en Madrid. Cursa estudios de medicina en Salamanca.

En 1823, tras ser diputado liberal, tuvo que exiliarse a Inglaterra, donde se interesa por temas educativos y conoce las ideas de Basedow, Froebel, Lancaster y Pestalozzi.

Tras la muerte de Fernando VII, trabaja en la Dirección General de Estudios, participando en la elaboración de diferentes normativas, sobre todo en la *Ley Someruelos.*

Fruto de dicha ley es la *Escuela Normal Central,* fundada en 1839, de la que es director y profesor, y cuya función es formar a los profesores de las escuelas normales de provincias y a los inspectores.

Preocupado por la financiación del sistema educativo, se apoya en la *Sociedad para Propagar y Mejorar la Educación del Pueblo* (fundada en 1838), para implicar en esta labor a personas adineradas. Desde aquí funda escuelas de párvulos y publica su obra más importante: *Manual para los maestros de escuelas de párvulos.*

Entre 1841 y 1843 dirige el *Boletín Oficial de Instrucción Pública.* Desde aquí, primera publicación española periódica sobre la enseñanza, expande sus escritos educativos; también recoge las leyes que aparecen sobre el tema, diferentes artículos, etc.

Su pensamiento pedagógico está muy influido por Pestalozzi, Rousseau, Lancaster y otros. Entre sus ideas podemos destacar las siguientes:

En primer lugar, opina que sin educación no existe desarrollo humano. Este desarrollo debe alcanzarse paralelamente en tres vertientes: la moral, la física y la intelectual.

Para que sea posible este crecimiento es primordial la escolarización temprana de los niños, sobre todo de aquellos a quienes sus padres no pueden dedicar el tiempo requerido. Con la creación de escuelas de párvulos las madres pueden incorporarse al mercado laboral, algo cada vez más necesario en una sociedad que progresa e incorpora la industria.

En toda educación debe tenerse muy presente al niño, de modo que es su nivel madurativo el que indica sus posibilidades. Por ello, debe aprender de modo progresivo.

Es muy importante desarrollar todas las capacidades del niño. Para ello, la metodología que propone es la de Pestalozzi: la experiencia directa, la estimulación de los sentidos, la actividad.

El método más adecuado para la educación moral no puede ser el verbalista, sino el ejemplo de padres y profesores. La función cívica de la educación juega un papel primordial: el niño debe aprender a respetar las leyes y los principios que sostienen el régimen político liberal.

Para que el sistema educativo funcione, la pieza clave es el maestro. Éste debe recibir una sólida formación que le proporcione conocimientos amplios no sólo sobre las materias que debe impartir, sino también sobre el niño y los métodos de enseñanza. Debe poseer unas cualidades humanas y pedagógicas. Pero los maestros no tendrán el nivel adecuado sin el correspondiente prestigio social, que se alcanzará cuando se creen Escuelas Normales y se regulen sueldos y condiciones laborales dignas. A fin de apoyar esta causa, crea y preside la *Sociedad General de Socorros Mutuos entre Profesores de Instrucción Pública*.

En definitiva, debemos a Pablo Montesino el haber sido el impulsor de la formación de los maestros y de la educación infantil durante la primera mitad del siglo XIX.

3.3 Proyecto de Infante

Comoquiera que la enseñanza secundaria y superior, tras el fracaso del proyecto de Someruelos, precisaba con urgencia una nueva ley que sustituyera al *arreglo provisional* de Quintana, el ministro Infante presenta un nuevo proyecto en 1841 que, con la caída del gobierno, no llega siquiera a discutirse. Su significación se debe a que traza en líneas generales el ideario educativo de los liberales progresistas, cada vez más cercano al de los moderados. Destacamos tan sólo dos diferencias significativas entre ambas:

• La enseñanza secundaria para los progresistas, al contrario que para los moderados, no es entendida solamente como vehículo hacia la superior, sino como una formación adecuada para la mediana burguesía.

• El ideario progresista otorga una mayor libertad a los particulares y las instituciones para crear centros privados.

4

LA EDUCACIÓN DESDE LA DÉCADA MODERADA HASTA EL FINAL DEL REINADO DE ISABEL II (1844-1868)

4.1 La década moderada (1844-1854)

En 1843 la situación política resulta insostenible. Por ello, se proclama la mayoría de edad de Isabel II (reina con catorce años), lo que supone la caída del regente Espartero.

Se inicia así la *década moderada* con el primer gobierno de Narváez. Nace una nueva Constitución, la de 1845, en la que la soberanía recae en el rey y las Cortes (ya no en el rey, como ocurriera en el Antiguo Régimen, pero tampoco en el pueblo, como pretendieran los liberales radicales).

Ante la imperiosa necesidad de organizar el sistema educativo, el 17 de septiembre de 1845 se aprueba por real decreto un *Plan General de Estudios,* conocido como *Plan Pidal* por ser éste el ministro de Gobernación que lo firma. El responsable máximo de su redacción fue Gil de Zárate, versado en la problemática educativa del momento.

Este plan, centrado en la enseñanza secundaria y superior, partía del estudio de las normativas anteriores para recoger o modificar las propuestas que aparecían en cada una de ellas. Veamos los rasgos definitorios del mismo:

• Considera la segunda enseñanza como la continuación de la instrucción primaria, dirigida fundamentalmente a las clases medias. La divide en elemental, que consta de cinco cursos, y de ampliación, que puede cursarse en la sección de letras o en la de ciencias.

• En los contenidos de la segunda enseñanza trata de conjugar lo tradicional con lo moderno.

• La universidad se regirá por los principios de uniformidad y centralización. Para ello regula detalladamente los planes de estudio de las facultades.

• Se organiza la carrera docente: modalidades, categorías, salarios, etc.

• Restringe la iniciativa privada a la segunda enseñanza, imponiéndole ciertas condiciones: entre ellas, una autorización especial del gobierno. Éste fue el aspecto más conflictivo de la ley, ya que limitaba la posibilidad de la Iglesia de abrir centros de segunda enseñanza y, sobre todo, le impedía impartir la enseñanza universitaria. La secularización de la enseñanza puede, por primera vez, convertirse en realidad.

En 1851, con la firma del Concordato, la Iglesia encuentra su compensación, dado que obtiene la potestad de inspeccionar el funcionamiento de los centros educativos. Además, el Ministerio de Gracia y Justicia vuelve de nuevo a dirigir la instrucción pública. Es éste el embrión de un problema que enraizará en la sociedad española durante muchos años: libertad de cátedra *versus* control ideológico de la educación.

4.2 El bienio progresista (1854-1856)

Con el levantamiento de O'Donnell en Vicálvaro llegan al poder los progresistas. Los asuntos educativos pasan a ser competencia del Ministerio de Fomento, dirigido por Alonso Martínez, quien en 1855 elabora un *Proyecto de Ley General para toda la enseñanza,* que no llega a debatirse. Interesa comprobar que en este momento es difícil distinguir las ideas educativas de moderados y progresis-

tas. Tal vez las únicas diferencias estriben en la mayor insistencia de los últimos en la extensión de la enseñanza primaria (gratuita siempre que sea posible) y la concepción de la enseñanza secundaria como ampliación del saber, no sólo como paso intermedio hacia la universidad.

4.3 El bienio moderado (1856-1858). La Ley Moyano

Con la llegada al poder de Narváez y su gobierno moderado, el entonces ministro de Fomento, Claudio Moyano, presenta a las Cortes una breve ley de bases (17 de julio de 1857), cuya aprobación supone la autorización al gobierno para desarrollar una muy esperada ley de instrucción pública, de acuerdo con los principios básicos expuestos.

4.3.1 La ley de bases

La ley de bases, como luego hará la Ley Moyano, no supone sino un intento de recoger en un texto legal los principios y prácticas que, de hecho, ya existían y se aplicaban desde hacía años. Por tanto, no propone una ruptura con lo anterior, sino dar forma de ley a un hecho existente.

En los tres artículos de la ley de bases (el primero de ellos dividido en catorce puntos) aparecen recogidas las líneas maestras del sistema educativo, y son las siguientes:

• *La enseñanza puede ser pública o privada* (art. 1.º, punto 1.º).

• *La enseñanza se divide en tres periodos [...]. La primera enseñanza comprende las nociones rudimentarias de más general aplicación a los usos de la vida. La segunda enseñanza comprende los conocimientos que amplían la primera y también preparan para el ingreso al estudio de las carreras superiores. La enseñanza superior comprende las que habilitan para el ejercicio de determinadas profesiones* (art. 1.º, punto 2.º).

• *Unos mismos libros de texto [...] regirán en todas las escuelas* (art. 1.º, punto 4.º).

• *La enseñanza pública primera será gratuita para los que no puedan pagarla, y obligatoria para todos [...]* (art. 1.º, punto 6.º).

• *El jefe superior de instrucción pública [...] es el ministro de Fomento* (art. 1.º, punto 10).

• *Se organizará la Inspección de la Instrucción Pública en todos sus grados* (art. 1.º, punto 12).

Precisamente la única oposición que tuvo la aprobación de la ley provenía del problema de la inspección. El sector más conservador del partido moderado, así como los *neocatólicos,* consideraban que el responsable del control de los centros, fundamental-mente en los aspectos morales, debía ser la Iglesia, lo que no aparecía recogido en el proyecto. Moyano, en su defensa ante las Cortes, argumentó la necesidad de hacer una ley nacional, no de partido; por otro lado, sostuvo que, dado que en el Concordato vigente aparecía la Iglesia como responsable de la inspección, no era necesario insistir en ello.

4.3.2 Características de la ley

Entre las líneas más destacadas de la Ley Moyano podemos señalar las siguientes:

• Centralismo, lo que se consigue gracias a una perfecta jerarquización de los órganos y dirigentes de la instrucción pública, en cuya cúspide se situaba el ministro de Fomento.

• Obligatoriedad de la primera enseñanza para todos los niños entre seis y nueve años. Asimismo, gratuidad para quien no pueda pagarla.

• Control de la Iglesia en los aspectos de moral y fe.

• Libertad para abrir centros de enseñanza siempre que se cumplan ciertas condiciones, lo que dio pie al crecimiento de la enseñanza confesional.

4.3.3 Estructura de la ley

La ley nació con espíritu conciliador y de consenso: redactada por un equipo formado por personas de diversa procedencia política, la acogida fue buena, de manera que se puede decir que fue una ley que todos aceptaron.

Es muy extensa (consta de 307 artículos y siete disposiciones transitorias), pese a lo cual en algunos aspectos peca de imprecisa.

Se divide en cuatro secciones:

Sección primera: de los estudios. Define los estudios que pueden cursarse en todos los niveles del sistema educativo.

• En el título I, dedicado a la primera enseñanza, divide ésta en elemental y superior, señalando las materias que comprende cada una de ellas (con diferencias importantes en el plan de estudios de niños y niñas, que no estudian temas tales como agricultura, geometría..., pero sí «labores propias del sexo» o «ligeras nociones de higiene doméstica»). También se trata el tema de los niños discapacitados, señalándose que los alumnos sordomudos y ciegos deberán estudiar en centros especiales.

Como ya se ha señalado, la enseñanza primaria elemental es obligatoria y gratuita en las escuelas públicas para los niños que no puedan pagarla.

• El título II se refiere a la segunda enseñanza, en la que se podían escoger dos caminos diferentes:

– *Estudios generales, que* se realizarían en dos periodos, el primero de dos años de duración y el segundo de cuatro. Al finalizar, los alumnos podrían realizar el examen de «bachiller en artes».

– *Estudios de aplicación:* dirigidos a la agricultura, comercio..., al final de los cuales se recibía el certificado de peritos en la carrera correspondiente.

• El título III regulaba:

– Las facultades (en las que se podía ingresar sólo tras haber obtenido el título de bachiller en artes). Existían seis: Filosofía y Letras; Ciencias exactas, físicas y naturales; Farmacia; Medicina; Derecho, y Teología.

– Las enseñanzas superiores: Ingenierías, Bellas Artes, Diplomática y Notariado.

– Las enseñanzas profesionales: Veterinaria; Profesores mercantiles; Náutica; Maestros de obras, aparejadores y agrimensores, y Maestros de primera enseñanza.

• El título IV, *Del modo de hacer los estudios,* establece ciertos principios organizativos. Por ejemplo, se prohíbe simultanear cursos académicos, se ordena que sean otorgados diplomas honoríficos u otros premios a los mejores estudiantes, etc.

• El título V regula los libros de texto, bajo control del gobierno, de modo que *«sean propios para formar el corazón de los niños, ins-*

pirándoles sanas máximas religiosas y morales» (art. 89).

Sección segunda: de los establecimientos de enseñanza. A lo largo de los cuatro títulos en que se subdivide define los establecimientos de enseñanza (que pueden ser públicos o privados), así como la enseñanza doméstica y las academias, bibliotecas, archivos y museos.

Sección tercera: del profesorado público. Se indican los requisitos que han de cumplir las personas que quieran dedicarse a la docencia en establecimientos públicos de los diferentes niveles del sistema. Entre ellos destaca la necesidad de ser español y de justificar buena conducta religiosa y moral.

Sección cuarta: del gobierno y administración de la instrucción pública. El órgano de control de la instrucción pública es el Ministerio de Fomento. En cada provincia debía existir una Junta de instrucción pública y en cada municipio una Junta local que informa al gobierno, propone mejoras, etc.

4.4 El final del reinado de Isabel II y la primera cuestión universitaria

En los últimos años del reinado isabelino fueron los sectores más conservadores y los neocatólicos quienes más influyeron en asuntos educativos. Con la vuelta de Narváez al poder, el ministro Alcalá Galiano firma una real orden (27 de octubre de 1864) en la que se impele a los catedráticos a defender en sus clases a la Iglesia, la reina y la Constitución, lo que originó graves disturbios. A la muerte del ministro Alcalá Galiano, Orovio es nombrado nuevo ministro de Fomento: su primera decisión es sancionar a Emilio Castelar por incumplir la orden dictada por su antecesor, por lo que se producen nuevos enfrentamientos entre el profesorado liberal y el ministerio. Orovio dicta nuevas y más restrictivas leyes. Además, en medio de una fuerte campaña de los liberales contra la reina, desde el gobierno se trata de obligar al profesorado a firmar un manifiesto a favor de Isabel II: con la negativa de algunos (como Salmerón y Sanz del Río) se suceden los expedientes y las suspensiones a profesores. La *primera cuestión universitaria* alcanza su apogeo y no se cerrará hasta la revolución de septiembre, momento en que los profesores sancionados (entre los que debemos destacar a Giner de los Ríos) son devueltos a sus cátedras.

5

LA EDUCACIÓN DURANTE
EL SEXENIO REVOLUCIONARIO
(1868-1874)

Con la revolución septembrina da comienzo el sexenio democrático. A lo largo de este periodo los diferentes gobiernos tratan de poner en funcionamiento un sistema educativo liberal radical, aunque debemos señalar que en modo alguno se llevó a cabo con la continuidad necesaria como para poder evaluarlo adecuadamente. Esto es debido en gran parte a la gran inestabilidad política que caracterizó esta época.

5.1 Gobierno provisional y reinado de Amadeo I (1868-1873)

El primer decreto al que hacemos referencia data del 21 de octubre de 1868 y lo firma el ministro de Fomento, Ruiz Zorrilla. Se centra en el tema de la libertad de enseñanza, criticando agriamente la situación alcanzada durante los años precedentes, como muestra el segundo párrafo del decreto: «Las humillaciones y amarguras que esa legislación reaccionaria ha hecho sufrir a los profesores, las trabas con que limita la libertad de los alumnos, la preferencia injusta que da a unos estudiantes y el desdén con que menosprecia a otros, sus tendencias al retroceso, su oposición a lo que no se conforma con determinadas doctrinas, y, sobre todo, la enérgica y general censura de que ha sido objeto no consienten que siga influyendo en la educación de la juventud».

Esta concepción de la libertad de enseñanza llega hasta el punto de considerar que, al ser la sociedad la responsable de la educación de los jóvenes, el Estado sólo debe asumir una función subsidiaria, hasta el momento adecuado en que pueda suprimirse la enseñanza pública, objetivo último del liberalismo radical.

Este mismo decreto también señala que esta libertad debe extenderse «[...] a las Diputaciones y a los Ayuntamientos. Representantes estas corporaciones de la provincia y el municipio, conocen sus necesidades intelectuales mejor *que el Estado, y tienen por lo menos tanto derecho como él para fundar y sostener con sus fondos establecimientos públicos de enseñanza».*

El 25 de octubre aparece un decreto referido a la segunda enseñanza y a las facultades universitarias. Para los progresistas, la segunda enseñanza debe servir para aumentar la cultura de los ciudadanos, no sólo para prepararlos para los estudios universitarios. Por otro lado, modifica los planes de estudios, a los que considera sometidos a *«ideas antiguas y prácticas tradicionales, que no avienen de ningún modo con el actual orden de cosas, [...] pretendiendo cortar el vuelo del libre pensamiento y detener el progreso [...]».* Los nuevos planes de estudio incluyen temas tales como higiene, agricultura, comercio, principios fundamentales del Derecho..., con el objeto de *«contribuir a formar buenos ciudadanos aptos para el ejercicio de los derechos políticos que han conquistado en nuestra gran revolución».*

En el ámbito universitario se restablece la Ley Moyano de 1857, derogando las normativas restrictivas generadas por el conservador Orovio en 1867. Como texto clave en materia universitaria, encontramos el discurso de D. Fernando de Castro, rector de la Universidad Central, leído en la apertura del curso 1868-1869.

En él resalta la libertad de la ciencia como único medio de eliminar la ignorancia de los pueblos. También critica con fiereza el centralismo: *«Hasta hoy [...] era considerada la enseñanza puramente como un ramo de la administración, y la universidad como una dependencia más [...]. Una centralización exorbitante había hecho del maestro, como del sacerdote, un empleado [...]. Semejante carácter político y administrativo, no social y libre de la enseñanza, la ha venido postrando poco a poco, hasta entregarla maniatada al fanatismo de los partidos».* Por tanto, la universidad ha de tener total independencia respecto a la Iglesia y el Estado, lo que choca frontalmente con lo legislado durante los últimos años del reinado isabelino.

5.2 I República (1873-1874)

Con la proclamación de la I República, el 11 de febrero de 1873, el ministro de Fomento, Eduardo Chao, emprende diferentes reformas en el sistema educativo, inspiradas por Giner de los Ríos y Fernando de Castro. El objetivo era eliminar la ignorancia, *«tirano interior que oprime las almas»,* argumentando que, como aparece en el preámbulo del decreto de 2 de junio, *«deben ser los pueblos republicanos los más instruidos, educados y cultos de la tierra».*

La segunda enseñanza, planteada en el decreto del 3 de junio, es dotada de un doble carácter: por un lado sirve para completar la instrucción proporcionada en la enseñanza primaria: «*su objeto se limita a formar hombres cultos*»; por otro, para preparar a los alumnos para los estudios superiores, a través de un año preparatorio con contenidos tanto teóricos como prácticos.

En cuanto a los estudios universitarios, se reorganizan las facultades, pero a causa de los problemas presupuestarios las de nueva creación sólo se pueden fundar en Madrid. Este centralismo pudo ser la causa por la que a los pocos días el ministro de Fomento, Chao, cesara. Pero las ideas fundamentales de sus decretos se hicieron patentes en el proyecto de ley de instrucción pública, que, al igual que las normativas referidas a la enseñanza promovidas por los movimientos cantonales, no llegaron a ponerse en práctica: lo breve y agitado de este periodo republicano lo impidieron.

6

EDUCACIÓN DURANTE LA RESTAURACIÓN (1874-1923)

En enero de 1874, tras el golpe de Estado del general Pavía, se disuelven las Cortes republicanas. El gobierno provisional del general Serrano mantiene la libertad de enseñanza, pero a la vez intenta organizar los estudios de manera más rigurosa, para evitar la existencia de irregularidades como las ocurridas a lo largo del sexenio. Estas irregularidades consistieron fundamentalmente en una utilización de la libertad de enseñanza a favor de quienes controlaban ayuntamientos y diputaciones. Mientras desde el gobierno obtenían la libertad necesaria para crear centros con el fin de erradicar el analfabetismo y aumentar el nivel cultural de la población, muy a menudo lo que los ediles creaban eran centros que favorecieran a sus hijos o amigos pertenecientes a la burguesía. En resumidas cuentas, encontramos que en este periodo se sientan las bases teóricas del modo en que el liberalismo concibe la libertad de enseñanza; pero es en la praxis donde se produce el fracaso, a causa fundamentalmente

de la falta de recursos y de los abusos de algunos.

El 29 de julio de 1874, el gobierno provisional publica el decreto que regulariza el ejercicio de la libertad de enseñanza, que avanza en la misma línea marcada en los gobiernos anteriores por los liberales progresistas; esto es, aboga por la más absoluta libertad de elección de centro y libertad de creación de escuelas. El 29 de septiembre del mismo año, también mediante decreto, se faculta al profesor para dar a conocer sus opiniones sin que exista ninguna censura, es decir, total libertad de cátedra.

6.1 La segunda cuestión universitaria

A comienzos de 1875, con la monarquía ya restaurada en la persona de Alfonso XII, a causa del sistema de turnos en el poder y en la oposición entre moderados y liberales ideado por Cánovas del Castillo, el panorama político-educativo sufre un brusco giro hacia los grupos neocatólicos más intransigentes, representados por el ministro de Fomento, Manuel Orovio. El 26 de febrero publica una circular dirigida a los rectores de las universidades, a la vez que aparece un real decreto mediante el cual rompe dramáticamente con el liberalismo anterior, al que se refiere de esta manera: *«Preciso es, y de urgencia, poner un pronto término a este estado de cosas»*.

En el real decreto mencionado se derogan los artículos 16 y 17 del decreto de 21 de octubre del 68, en los que se señala que los profesores:

• *Podrán señalar el libro de texto que se halle más en armonía con sus doctrinas y adoptar el método de enseñanza que crean más conveniente* (art. 16).

• *Quedan relevados de la obligación de presentar el programa de su asignatura* (art. 17).

Estos artículos quedan sustituidos por los correspondientes de la Ley Moyano, en la que los libros de texto *serán señalados en listas que el gobierno publicará cada tres años* (art. 86).

Son tres las ideas principales que aparecen en la circular mencionada, que transcribimos literalmente del texto original:

• *[...] no se enseñe nada contrario al dogma católico ni a la sana moral, procurando que los profesores se atengan estrictamente a la explicación de las asignaturas que les están confiadas [...].*

• *[...] por ningún concepto tolere que [...] se explique nada que ataque directa o indirectamente a la Monarquía constitucional o al régimen político [...].*

• *El Profesor que no explique todo el programa de la asignatura que le está encomendada, o pretenda ampliarlo más allá de lo razonable, perturba el método general de la enseñanza, altera el orden que debe establecerse entre los conocimientos para que se transmitan con perfecta claridad, y perjudica a los alumnos [...]. Que no se toleren bajo ningún concepto las faltas de asistencia a las clases, ni mucho menos las de respeto a los profesores [...], que se restablezcan con todo vigor la disciplina y el orden en la enseñanza.*

Este nuevo rumbo en la legislación es el detonante de la *segunda cuestión universitaria*. La primera reacción de protesta ante esta limitación de la libertad de cátedra provino de dos profesores de la Universidad de Santiago, Laureano Calderón y Augusto González Linares, ambos seguidores de las doctrinas krausistas de Giner de los Ríos, que fueron separados de sus cátedras. Castelar se solidariza con ellos y Giner hace lo propio, por lo que es recluido en Cádiz. A partir de este momento se produce una reacción en cadena: dimisiones y protestas de Gumersindo Azcárate, Nicolás Salmerón... El gobierno responde con dureza, con los confinamientos de los dos últimos y otros. Los krausistas, con Giner a la cabeza, fueron los más claros defensores de la libertad de cátedra: de aquí surge la Institución Libre de Enseñanza, que por su gran trascendencia en el ambiente educativo español merece mención aparte.

El texto clave de los defensores de la libertad de enseñanza en este momento es la carta dirigida al ministro de Fomento en marzo de 1875, redactada por Azcárate tras debatirlo con los profesores de la Facultad de Derecho de la Universidad de Madrid, de la que destacamos los dos párrafos que encierran las motivaciones de las protestas:

• *«[...] hacer constar que la circular del 26 del mes pasado está fuera del decreto de 21 de octubre de 1868, convertido en ley por las Cortes Constituyentes, puesto que pone a la independencia del profesor límites que aquél no reconoce [...]».* En suma, el claustro de la Facultad de Derecho pone en duda la legalidad del decreto y la circular de que se habla.

• *«Por lo que se refiere a la doctrina, se pretende que en la cátedra no podrá exponerse principio alguno que no esté dentro del dogma católico, de la sana moral y de los fundamentos de la monarquía constitucional [...]. Pues bien, Excmo. Sr., los exponentes estiman que en conciencia no deben, y, por tanto, no pueden, aceptar estos límites ni sujetarse a ellos».*

6.2 La Institución Libre de Enseñanza

Partiendo de la doctrina del filósofo alemán Krause (1781-1832) y de la fe en que sólo a través de la educación la sociedad podrá transformar el país, Francisco Giner de los Ríos (1839-1915) crea en 1875 la Institución Libre de Enseñanza, que habría de desaparecer con la guerra civil.

El detonante para esta fundación, como ya se ha señalado, lo encontramos en la *segunda cuestión universitaria* y en la política educativa de Orovio. Participan en ella, además de Giner, otros de los profesores separados de la universidad por el ministro, en especial Gumersindo Azcárate y Nicolás Salmerón.

Las características pedagógicas más definitorias de la Institución son las siguientes:

• Libertad del educando y el educador: rechazo de los sistemas autoritarios, los exámenes como método para mantener la disciplina, etc.

• Neutralidad religiosa, que no supone necesariamente escepticismo.

• Coeducación de ambos sexos.

• Método intuitivo.

• Formación integral de la persona en sus tres vertientes: la moral, la intelectual y la física.

Podemos distinguir tres etapas en el desarrollo de la Institución:

1. *Desde su creación hasta 1881,* cuando la llegada de Sagasta al poder devuelve a los profesores sancionados a sus cátedras. En esta época se crean y autorizan sus estatutos. La idea inicial, que luego, por motivos fundamentalmente económicos, hubo que transformar, era la creación de un centro de estudios superiores y de segunda enseñanza.

2. *1881-1907:* etapa de fecundidad educativa. Posee una gran influencia sobre la administración educativa, merced a lo cual se crea el Museo de Instrucción Primaria. Se organiza en 1882 un importante congreso pedagógico, se ensayan nuevos métodos. Aparece el *Boletín de la Institución Libre de Enseñanza* (BILE), en cuyas páginas se recogen las nuevas aportaciones y experiencias en el campo de la educación.

3. *Desde 1907 hasta su desaparición:* con la creación de la Junta para la Ampliación de Estudios comienza una etapa en la que la ILE se dedica fundamentalmente a la promoción de la investigación científica. Goza de gran

prestigio e influencia intelectual y política. A la muerte de Giner (1915), la ILE pasa a ser dirigida por Cossío, que continúa la obra de su antecesor, fundamentalmente desde el Museo de Instrucción Primaria (o Museo Pedagógico Nacional).

6.3 La educación en la Constitución de 1876

La redacción de la Constitución de 1876 mostró bien a las claras las diferentes posturas y talantes de los distintos partidos, fundamentalmente al discutir el difícil tema de la libertad de cultos, que aparece ya en la Constitución progresista del 1 de junio de 1869. Evidentemente, esta cuestión será clave para decidir acerca de la libertad de enseñanza, que se entiende como libertad para la elección de centro, pero también como libertad de cátedra.

Las posturas, claramente definidas aunque a menudo internamente contradictorias, eran tres:

• Por una total libertad de enseñanza aboga el partido liberal de Sagasta.

• El partido conservador de Cánovas opta por una libertad de enseñanza restringida.

• Por último, la Unión Católica, representante del catolicismo más integrista, defiende de una forma incoherente la libertad de enseñanza. Es decir, propone que la enseñanza no puede ser patrimonio exclusivo del Estado: libertad para abrir centros y conferir los grados académicos, pero sólo si son centros católicos. Esta postura se apoya en el aprobado artículo 11, que tras largas discusiones y con idénticas tres posturas, quedó definido —o más bien indefinido, por ambiguo— de la siguiente manera:

La religión Católica, Apostólica, Romana, es la del Estado. La Nación se obliga a mantener el culto y sus ministros.

Nadie será molestado en territorio español por sus opiniones religiosas, ni por el ejercicio de su respectivo culto, salvo el respeto debido a la moral cristiana.

No se permitirán, sin embargo, otras ceremonias ni manifestaciones públicas que las de la religión del Estado.

Finalmente, el artículo 12 quedó de la siguiente manera, muy cercana a la postura del grupo conservador:

Cada cual es libre de elegir su profesión y de aprenderla como mejor le parezca.

Todo español podrá fundar y sostener establecimientos de instrucción o de educación, con arreglo a las leyes.

Al Estado corresponde expedir los títulos profesionales y establecer las condiciones de los que pretendan obtenerlos, y la forma en que han de probar su aptitud.

Una ley especial determinará los deberes de los profesores y las reglas a que ha de someterse la enseñanza en los establecimientos de instrucción pública costeados por el Estado, las provincias o los pueblos.

6.4 El ministerio conservador de Francisco Queipo de Llano

El Ministerio de Fomento estaba entonces y hasta 1879 encabezado por el conservador Francisco Queipo de Llano, conde de Toreno. Sus esfuerzos se centraron fundamentalmente en la creación de una nueva Ley de Educación que, aprovechando lo que de útil tenía todavía la Ley Moyano, la sustituyera incluyendo las aportaciones y los nuevos puntos de vista presentes en la legislación producida desde el sexenio democrático, fundamentalmente en lo concerniente a la libertad de enseñanza.

Empleando, al igual que hiciera Claudio Moyano en 1857, el método de la ley de bases, en 1876 intenta sacar adelante una nueva legislación. Pero las diferentes perspectivas de los partidos ante el tan conflictivo tema de la libertad de enseñanza imposibilita que siga adelante.

Mientras dirigió el ministerio, el conde de Toreno favoreció que se produjeran diferentes hitos a tener en cuenta:

• Puesta en marcha y apoyo a la ya citada Institución Libre de Enseñanza.

• Creación, por real decreto de 31 de marzo de 1876, de la *Cátedra especial de pedagogía aplicada a la enseñanza de párvulos, por el procedimiento denominado de Fröbel.* Esto supuso un empuje para la educación preescolar, aunque en realidad esta iniciativa no tuviera repercusiones prácticas.

6.5 El ministerio liberal de Albareda y el fin de la *segunda cuestión universitaria*

En 1881 llega al poder, en este sistema de turnos, el partido liberal de Sagasta. El ministro J. L. Albareda publica una real orden el 3 de marzo de 1881, mediante la cual queda derogada aquella en la que Orovio eliminaba la libertad de enseñanza al obligar a los profesores a enseñar de acuerdo con las normas y preceptos de la Iglesia católica y la monarquía constitucional. De esta manera se cierra el delicado asunto de la *segunda cuestión universitaria* que estallara seis años atrás. Esta circular, muy breve, comienza resaltando el valor de la instrucción pública, siendo «*innecesaria la demostración de su influencia en el progreso y felicidad de las naciones*».

«*[...] las oposiciones injustificadas, los obstáculos, en fin, no han conseguido jamás que desaparezcan las ideas [...]. La razón especulativa ha de ser independiente, sin que allí alcance la represión ni la violencia. Lo contrario equivaldría a comprimir el pensamiento del hombre [...]*». Por otro lado, no sólo son negativas las leyes que restringen la libertad de enseñanza, además «*ni siquiera, como preceptos concretos, se han cumplido debidamente en ninguna de sus partes*».

Por tanto, «*la circular de 26 de febrero de 1875 queda desde hoy derogada, como en su día habrá de serlo el decreto, confiando en que el Parlamento así lo acordará*».

Esta derogación lleva consigo que «*los Profesores destituidos, suspensos y dimisionarios, con ocasión del mencionado decreto y circular, vuelvan a ocupar en el Profesorado los puestos que a cada uno de ellos pertenecían [...]*».

Por último, y para no perjudicar a nadie con esta decisión, «*[...] serán compensados los actuales Profesores que desempeñan aquellas cátedras —las de los profesores destituidos por la circular derogada— ocupando en brevísimo pla-

zo otras de iguales condiciones, sueldos y categorías».

Albareda también cobra importancia por haber apoyado diferentes propuestas y a la ILE, que va siendo cada vez más influyente en el mundo de la educación.

Bartolomé Cossío y el Museo de Instrucción Primaria

Entre las iniciativas más destacables de Albareda figura la creación de un Museo de Instrucción Primaria en Madrid, por real decreto de 6 de mayo de 1882. En 1894 pasa a denominarse Museo Pedagógico Nacional.

¿Cuál era el objetivo del ministro con esta inauguración? La contestación aparece en el preámbulo del decreto mencionado: *No abriga el gobierno en la ocasión presente exagerados propósitos de introducir novedades, con aparente olvido de la situación precaria de los Maestros [...] sino que, dados los exiguos gastos que proporciona, debe interesarse particularmente en fundar un núcleo de ilustración [...].*

En el mismo texto encontramos las funciones que se asignan al museo:

• Mostrar *modelos, proyectos, planos y dibujos de establecimientos españoles y extranjeros destinados a la primera enseñanza general y especial.*
• *Material científico para estas enseñanzas.*
• *Una biblioteca de instrucción primaria.*
• *Se publicará el* Catálogo de los libros y objetos adquiridos [...].
• *[...] se organizarán conferencias públicas sobre las diversas materias de la primera enseñanza [...].*

El museo constituyó hasta los años treinta un centro de renovación pedagógica, lugar de encuentro de docenas de profesores interesados en los últimos avances didácticos alcanzados tanto en España como en el extranjero. Su desaparición definitiva se produjo en 1941, siendo absorbido por el Instituto San José de Calasanz.

Resultaría inaudito hablar del museo sin citar a quien durante cerca de cincuenta años fue su director. Manuel Bartolomé Cossío nace en Haro en 1857 y muere en Collado Mediano (Madrid) en 1935. Licenciado en Filosofía y Letras por la Universidad de Madrid, es alumno de la Institución Libre de Enseñanza, de la que llegaría a ser rector. Como director del Museo Pedagógico Nacional viaja asiduamente por Europa, donde visita numerosos centros educativos. Durante la República sería nombrado presidente del Patronato de Misiones Pedagógicas, al ser un gran convencido de la necesidad de ofrecer cultura al pueblo.

Su pensamiento pedagógico estaba muy influido por el krausismo de Giner de los Ríos. El método debe partir de la actividad espontánea del niño y del respeto a su propia naturaleza.

También es tema prioritario en su quehacer pedagógico la defensa del maestro, para el que pide una formación amplia y una remuneración adecuada.

6.6 La vuelta de los conservadores: el ministerio de Pidal y Mon

Después de tres años de gobierno liberal en el que se sucedieron como ministros Albareda, Gamazo y Sardoal, llega el turno de los conservadores de Cánovas, que ha pactado con la derecha más radical, dirigida por Alejandro Pidal y Mon. A causa de estos acuerdos, será ministro de Fomento este último, que lanza, con la oposición de casi todos —incluso dentro del propio partido conservador—, un real decreto el 18 de agosto de 1885, *fijando las reglas a que han de someterse los establecimientos libres de enseñanza.* Como ya ocurriera en el debate parlamentario de la Constitución vigente, Pidal tenía como objetivo que las congregaciones religiosas pudieran crear establecimientos de enseñanza con los mismos derechos y poderes que la enseñanza oficial. Para ello crea un tercer tipo de centro, entre los oficiales y los libres, a los que denomina centros «asimilados».

En el artículo 31 señala que *los establecimientos libres de enseñanza [...] podrán asimilarse con los de la enseñanza oficial para el valor académico y legal de sus estudios [...].*

Según el decreto, sólo pueden ser declarados centros asimilados aquellos que se declaren católicos, ya que todos los centros deben someterse a la inspección eclesiástica para que *no se traspasen los límites de la tolerancia constitucional en materia de religión,* tal y como aparece reflejado en el artículo 39:

No podrán ser declarados establecimientos asimilados aquellos que estén comprendidos en el párrafo segundo del artículo 17 del presente real decreto, que nos dice lo siguiente: *[...] pero si por el empresario o el fundador o el director del establecimiento libre se hiciera expresa declaración de no someterse a la inspección eclesiástica, requisito necesario para llevar el título católico [...].*

Además, excluye a los centros no católicos de cualquier posible subvención estatal.

Por último, señalemos también que la ley concedía el mismo valor a los títulos expedidos por centros asimilados que por los oficiales.

Por tanto:

• Este decreto, al privilegiar los centros católicos sobre los demás, supone un retroceso en la libertad de enseñanza, retroceso debido a la necesidad del gobierno de Cánovas de pactar con la Unión Liberal, para así ganarse a los sectores más retrógrados de la Iglesia.

• Coloca a los centros católicos en casi total igualdad respecto a los públicos.

6.7 Desde Montero Ríos a la reforma liberal de Groizard

Como puede suponerse, los liberales se opusieron frontalmente al decreto. De hecho, al volver meses después al gobierno lo derogan por real decreto del ministro Eugenio Montero Ríos, el 5 de febrero de 1886. En el preámbulo se refiere a los centros asimilados, señalando que «*resultan unos establecimientos privilegiados, porque dotados por aquel decreto de mayor independencia que las demás instituciones libres, gozan, por otra parte, de los principales privilegios reservados a los establecimientos oficiales, como es, entre otros, la facultad de examinar a sus alumnos [...]. Por la indicada organización se desnaturalizan ambas clases de establecimientos de enseñanza, los asimilados y oficiales, hasta el punto de otorgar a los primeros, en perjuicio de los demás, iguales derechos que a los segundos, sin someterlos a sus deberes [...]*». De esta manera, vuelve a tener vigencia, en lo concerniente a la libertad de enseñanza, el decreto de 29 de julio de 1874, del ministro Eduardo Alonso y Colmenares.

Montero Ríos también se distinguió por su intento de mejorar la formación del profesorado de enseñanza primaria, pasando las escuelas normales a ser mantenidas por el Estado.

Durante el periodo de gobierno liberal los esfuerzos volcados desde el Ministerio de Fomento se centraron en mejorar la calidad de la enseñanza, centrándose primordialmente en un aspecto: lograr que los maestros fueran pagados por el Estado, no por los municipios. Aunque en lo referente a instrucción primaria no se alcanzó el objetivo, sí se hizo en lo concerniente a los institutos de segunda enseñanza, por la ley del 9 de junio de 1887.

La educación no sufriría grandes cambios durante la siguiente fase de gobierno conservador (desde julio de 1890 a diciembre de 1892). Pero con el siguiente turno liberal, el ministro Groizard acomete la reforma de la enseñanza secundaria. Como ya era propio de los liberales, esta etapa era considerada en una doble faceta:

• Por un lado, y fundamentalmente, debía servir para aumentar la cultura del pueblo, base del desarrollo social.
• Por otro, debían ser útiles también para preparar a los alumnos que iban a afrontar estudios universitarios.

La solución que aportó en el real decreto de 16 de septiembre de 1894 consistió en una división de la etapa en dos periodos distintos y complementarios:

• El primero, de estudios generales, que, con una duración de cuatro años, aporta esa cultura que deben poseer los ciudadanos. Trata de aunar los contenidos clásicos con otros más modernos.

• El segundo, de estudios preparatorios, dura dos años. Se subdivide en dos secciones: a) Ciencias morales, con materias tales como estética, sistemas filosóficos...; y b) Ciencias físico-naturales: geología, botánica, matemáticas...

Esta reforma incorpora algunas innovaciones pedagógicas del momento, como *«la ascensión gradual del conocimiento»* o el carácter integral de esta etapa, que quiere disciplinar *«íntegra y armónicamente, alma y cuerpo, razón y sentidos, corazón y libertad racional, en proporción conveniente [...]».*

El conflicto surgió, como de nuevo ocurrirá cien años después, por la ausencia de la asignatura de religión. Debido a las protestas de la Iglesia católica, el 25 de enero de 1895 se publica un decreto por el cual se crea un cátedra de religión. La matrícula en dicha materia sería voluntaria, siendo responsable de impartirla un sacerdote nombrado por el ministro de Fomento.

Andrés Manjón y las Escuelas del Ave María

Andrés Manjón y Manjón nace en Sargentes de la Lora (Burgos) en 1846 y muere en Granada en 1923. Estudia filosofía, teología y derecho civil. Tras su paso como profesor por varias universidades e institutos, en 1886 es ordenado sacerdote.

Conoce y se preocupa por las condiciones de vida de los sectores más desfavorecidos de la población, como los habitantes del Sacromonte (Granada), con los que trabaja en contacto directo. Por ello decide fundar las Escuelas del Ave María (1889), considerada por algunos como la primera «escuela nueva» de España, y en 1905 el Seminario de maestros, al que debía acudir quien, habiendo finalizado sus estudios en la escuela normal, deseaba ser maestro en estas instituciones.

Convencido de que la solución a los problemas sociales llega de la mano de la educación, nada mejor que sus propias palabras para definir el método avemariano: *«¿Sabéis lo que es enseñar en el campo, enseñar jugando, enseñar en humano, libre, español y cristiano, enseñar gratis a todo el mundo y enseñar paternal y socialmente, cooperando con los demás educadores? Pues si lo sabéis, juntando todo en uno y ya tenéis Escuelas del Ave María hasta el ideal».*

La suya era una escuela popular y gratuita, con una metodología novedosa para la época. La educación que impartía se puede definir como integral, gradual, activa y religiosa. Destaca como gran innovación de la época el ser una escuela al aire libre, dotada de mínimos recursos.

A los maestros de sus escuelas Manjón les exigía una serie de cualidades, que podemos agrupar en tres bloques:

a) *Actitudes morales,* entre las que destacan la prudencia y la vocación; b) *Actitudes pedagógicas:* control del alumno, paciencia, método propio y adaptado a sus alumnos; y c) *Actitudes intelec-*

tuales: conocimientos científicos y capacitación docente. Aunque era una escuela netamente religiosa (siendo ésta una materia obligatoria) y en ese sentido cercana a la postura de los conservadores de la época, gozó de gran prestigio entre los liberales por sus novedosos métodos. De hecho, fue visitada por hombres como Bartolomé Cossío, el conde de Romanones o Unamuno.

Las Escuelas del Ave María se han extendido por todo el país (baste señalar que en 1920 había más de 300) y actualmente se rigen por un Patronato.

6.8 Creación e inicios del Ministerio de Instrucción Pública

El último lustro del siglo se caracteriza por los graves desórdenes internos, fundamentalmente el de la violencia anarquista, y externos, que culmina en 1898 con la firma del Tratado de París por el entonces presidente Sagasta. En un ambiente de pesimismo generalizado, serán los regeneracionistas (Joaquín Costa, Concepción Arenal...), junto con la recién nacida generación del 98 (Pío Baroja, Ramiro de Maeztu...), los grupos más activos en la búsqueda del progreso, usando como herramienta, entre otras, la instrucción. La necesidad de reformar y prestar más atención a la enseñanza pública se convierte en punto de acuerdo entre moderados y liberales.

En este ambiente se lleva a cabo una de las grandes aspiraciones de los liberales de los últimos años: la creación del Ministerio de Instrucción Pública, algo que ya había intentado sin conseguirlo el ministro Montero Ríos en 1886.

Habría de esperarse hasta el año 1900 para que, por real decreto de 18 de abril, se creara el Ministerio de Instrucción Pública y Bellas Artes, dirigido en su primera época por Antonio García Alix, del partido conservador, sustituido posteriormente por el conde de Romanones, liberal. Ya hemos señalado la coincidencia existente en ese momento entre conservadores y liberales en lo referente a educación; esto posibilitó que ambos ministros mantuvieran una línea similar y complementaria. Por ello, el periodo 1900-1902 fue de una gran actividad en materia de legislación educativa.

El ministerio de García Alix se caracterizó por la defensa realizada de la enseñanza pública, a pesar de pertenecer al partido conservador, tradicional defensor de la enseñanza impartida por congregaciones religiosas.

Por real decreto de 21 de julio de 1900, consigue lo que Montero Ríos persiguiera sin lograrlo, que se había convertido en una de las bazas clave para reformar la instrucción pública: sería el Estado quien se haría cargo del pago a los maestros, y no los ayuntamientos. Comienza en el preámbulo analizando la historia de los años precedentes en esta materia, a través de las diversas normativas que han ido apareciendo, señalando que, a pesar de todos los esfuerzos realizados por el Estado para retribuir convenientemente a los maestros, *«[...] todos los intentos realizados no han sido bastante para regularizar la situación de tan digna como desgraciada clase».* El ministro no logró el cumplimiento pleno de su objetivo, pues si bien sería el Estado quien se encargara del pago a los maestros de la escuela pública primaria, lo hace *«previo ingreso en las arcas del Tesoro de los fondos procedentes de aquella procedencia —municipal—».* Por tanto, a pesar de que el dinero siga proviniendo de los ayuntamientos, la gestión es estatal. Aunque el problema no quede solucionado, es un paso muy importante para la responsabilización del Estado en materia tan importante para la calidad de la enseñanza pública.

García Alix inició otras medidas renovadoras respecto a:

• La enseñanza secundaria, con el fin de *«[...] enaltecer la enseñanza oficial [...]».* Esta reforma aparece recogida en el real decreto de 19 de julio de 1900, y supone un intento de unir la enseñanza más tradicional con unos estudios técnicos, más acordes con las nuevas estructuras sociales y económicas existentes a principios del actual siglo.

• Las Escuelas Normales, en un intento por mejorar la formación de los maestros.

• La enseñanza universitaria, modificando algunos planes de estudio.

• También mostró interés en la formación de los trabajadores sin estudios, en un momento en que el movimiento obrero cobraba fuerza.

Aunque el conservador García Alix sólo ocupó el ministerio durante once meses, sentó las bases de muchas de las reformas que su sucesor desde el 6 de marzo de 1901, don Álvaro de Figueroa y Torres, conde de Romanones (del partido liberal), habría de acometer.

Romanones, que mantenía un estrecho vínculo con Giner de los Ríos y Bartolomé Cossío, marcó toda una época al frente del ministerio. Defensor acérrimo de la enseñanza oficial, acomete, a pesar de la escasez de medios, numerosas reformas, plasmadas en multitud de textos legales.

Para empezar, a los pocos días de su toma de posesión redacta una real orden para confirmar la plena vigencia de la circular Albareda sobre libertad de cátedra, tras un conflicto acerca de esta cuestión. A la circular mencionada se refiere de la siguiente manera: *«En una memorable real orden, la de 3 de marzo de 1881, [...] la independencia del profesor quedó consagrada; aboliése el irritante absolutismo del Estado [...]. El sentido de la real orden de 3 de marzo de 1881 ha de mantenerse».*

También supo recoger el testigo de lo iniciado por García Alix en el delicado y trascendental asunto del pago del salario a los maestros, que al depender de los municipios era insuficiente y en muchas ocasiones se retrasaba. Mediante real decreto de 26 de octubre de 1901 logró introducir el salario de los maestros en los presupuestos del Estado. Pero no se contentó con eso, sino que además consiguió elevar el decreto al rango de ley, con objeto de lograr mayor estabilidad en tan importante cuestión. Por su importancia, merece la pena transcribir el artículo 1.º del decreto:

Se autoriza al ministro de Instrucción Pública y Bellas Artes para que en los presupuestos generales de su departamento, a partir del que se forme para el año 1902, incluya las partidas necesarias, conforme a las disposiciones de este decreto, para el pago de las atenciones de personal y material de las Escuelas públicas de primera enseñanza.

En lo que respecta a la segunda enseñanza, mantiene en parte los cambios introducidos por García Alix, aunque transforma dos aspectos en los que no podía coincidir con su antecesor. En primer lugar, el ministro conservador había declarado la religión asignatura obligatoria: Romanones vuelve a la situación marcada por la reforma Groizard, por lo que vuelve a ser voluntaria. En segundo lugar, elimina el privilegio de los profesores de centros religiosos a no tener la titulación exigida al resto de docentes.

También es importante la reforma que realiza en las enseñanzas técnicas, mediante decreto del 17 de agosto de 1901. Inicia el preámbulo con una exposición de sus planteamientos:

«El arduo problema de la educación nacional no puede ser resuelto con reformas parciales; en determinados órdenes de la enseñanza se requiere un cambio rápido y radical de los Centros [...] y la experiencia ha demostrado por modo claro que se impone este cambio».

Plantea el decreto la necesidad de formar técnicos de grado medio, y, aun partiendo del reconocimiento de que *«quizás hubiera sido mejor implantar estas enseñanzas en Centros completamente distintos y separados, con un cuadro de profesores completo [...]»*, conoce la realidad del Tesoro y reconoce que *«[...] esto, que debe constituir una aspiración para lo futuro, era en el momento presente [...] cosa imposible de lograr».*

Por ello, el plan consiste en transformar los centros de bachillerato en *Institutos Generales y Técnicos*, de modo que en un mismo espacio se impartirán los estudios de bachillerato, maestros elementales y superiores, estudios elementales de agricultura, estudios elementales y superiores de industrias, estudios elementales de comercio, estudios elementales de bellas artes y escuelas elementales nocturnas para obreros.

Otra innovación introducida por Romanones la encontramos en el real decreto de 18 de julio de 1901, que en su preámbulo señala:

«Es signo característico de la vida moderna el haber sustituido el alejamiento internacional de la primitiva incultura, la aproximación del pensamiento científico en todos los pueblos civilizados».

Por tanto, siguiendo la línea marcada por Quintana, quien en 1813 ya lanzó esta idea, y de García Alix —una vez más la continuidad entre ambos ministros—, se compromete, conectando con el espíritu ilustrado, a conceder *«pensiones a los alumnos que hayan dado mayores pruebas de capacidad y aprovechamiento».* Una vez más existen dificultades a causa de *«la escasa dotación del presupuesto propio del departamento de Instrucción Pública y Bellas Artes [...]»*, pero considera que así *«se abre camino a ulteriores y más amplias resoluciones».* Los alumnos que quieran acceder a estas ayudas, estudiantes de las diversas facultades, deberán efectuar una oposición ante un tribunal.

El ministerio de Romanones dio lugar a otras muchas disposiciones legales, como la reglamentación de los exámenes, de las bibliotecas públicas del Estado... También intentó sacar adelante, sin conseguirlo, una reforma universitaria que habría favorecido la autonomía de estas instituciones.

En resumidas cuentas, la época de García Alix y Romanones supuso un importante empuje para la regeneración de la enseñanza en España, a pesar de las múltiples dificultades, tanto económicas como organizativas, que existían.

Joaquín Costa y el regeneracionismo

Joaquín Costa (1846-1911) es el principal impulsor del regeneracionismo. Nacido en Aragón en el seno de una familia humilde, trabajando se paga los estudios de derecho y filosofía en Madrid, donde luego es profesor de Legislación Comparada. A causa de la situación política de la Restauración, decide unirse a la ILE, con la que colabora como profesor y, durante unos años, director del *Boletín*. Incluso llega a representar a la institución en el Congreso Nacional de Pedagogía de Madrid, en 1882, donde trató el tema de la intuición como método de enseñanza.

Muy preocupado por los problemas sociales, tanto nacionales (pésima situación política generada por la falsa democracia del *turnismo canovista*, ruina económica y *desastre* del 98) como internacionales (esclavitud y situación de África), opina que la educación y el cambio económico son las únicas vías de solución. Particular interés manifiesta por la agricultura, de tal manera que llega a organizar a los agricultores aragoneses en una Liga Nacional de Productores, que llegó a tener gran peso político. Opina que debe modernizarse la agricultura para poder regenerar el país. Para ello propone la construcción de pantanos y canales, implantación de una política de repoblación, etc.

Su pensamiento educativo, muy influyente en la política de Primo de Rivera y de la II República, se basa en las ideas de Giner y la ILE.

Es el líder indiscutido del movimiento regeneracionista, al que también aparecen vinculados nombres de la talla de Concepción Arenal (gran defensora de la educación de la mujer) o Ricardo Macías Picavea.

El regeneracionismo trata de sacar al país de la grave crisis (económica, política, educativa...) que atraviesa, sobre todo a raíz de la guerra de Cuba. Es imprescindible que España inicie un proceso de europeización: ésta es una idea compartida con los ilustrados, de quienes toma sus bases.

En lo educativo, como ya se ha señalado al referirnos a Costa, siguen a la ILE, con la que también comparten su base filosófica, el krausismo. Por tanto, aunque no se puede decir que fueran pedagogos, sí luchan por mejorar la educación para así salvar al país.

6.9 Educación durante el reinado de Alfonso XIII

Con la subida al trono de Alfonso XIII en 1902, no desapareció la crisis social y económica existente. Se sucedieron los gobiernos liberales de Canalejas y conservadores de Maura, hasta que, en 1912, murió asesinado el primero. Los partidos sufrían divisiones internas y se sucedían los focos de conflicto en toda la nación: catalanismo, movimientos obreros, guerra de África, etc. Por tanto, la educación no recibió la atención que requería (piénsese que en un periodo de 21 años —1902-1923— se sucedieron más de 50 ministros de instrucción pública) ni se producen grandes cambios. Pero sí se reafirman algunos logros de los liberales de las últimas décadas, como la escolaridad obligatoria o el papel del Estado en la educación.

Entre tantos conflictos, desde el punto de vista de la enseñanza los problemas religiosos ya no son prioritarios, aunque sería el sector católico el más beneficiado. El conservador Eduardo Dato promueve ciertas reformas que benefician a los enseñantes de los centros de ciertas congregaciones religiosas, ya que les eximen de la obligación de tener la titulación correspondiente.

Por real decreto de 11 de enero de 1907, el ministro Amalio Gimeno crea la Junta de Ampliación de Estudios, presidida por Ramón y Cajal y orientada por José Castillejo. Contó con insignes colaboradores, como Echegaray, Sorolla o Menéndez Pidal. Entre sus funciones destacan las de becar a estudiantes para viajar al extranjero y fomentar la investigación científica. Dependientes de la JAE, se crearon otros organismos, entre los que destacamos el Centro de Estudios Históricos, la Residencia de Estudiantes y la Residencia de Señoritas.

6.9.1 La reforma universitaria de César Silió

Las transformaciones más importantes de esta época son las referentes al mundo universitario. El real decreto de 21 de mayo de 1919 trata de aumentar la autonomía universitaria, aunque al cabo fracasaría.

En este texto, el ministro de Instrucción Pública y Bellas Artes, César Silió, intenta legislar la autonomía administrativa de las universidades, que quedaban obligadas a redactar sus estatutos en función de las bases que se publicaban en el mismo decreto.

Consideraba el ministro que «*las Universidades españolas, [...] son hoy casi exclusivamente escuelas que habilitan para el ejercicio profesional»*, cuando desde su punto de vista «*se distinguen en la Universidad dos aspectos fundamentales: el de Escuela profesional y el de Instituto de alta cultura y de investigación científica»*, este último abandonado. Por tanto, al ser fundamental para el desarrollo de un país «*la existencia de focos nacionales de alta cultura»*, ordena en su artículo 1.º:

Todas las Universidades españolas serán autónomas en su doble carácter de Escuelas profesionales y de Centros pedagógicos de alta cultura nacional [...].

Las universidades redactaron en pocos meses sus estatutos, que fueron aprobados por real decreto de 9 de septiembre de 1921.

Sin embargo, la reforma fue un fracaso, atribuible a causas diversas, siendo la principal, como en múltiples ocasiones, la falta de recursos económicos para la transformación de las universidades. Por otro lado, la reforma recibió críticas, tanto de quienes la consideraban insuficiente como de quienes la tachaban de exagerada.

A pesar de todo esto y a que vulneraba la Ley Moyano, el sucesor de Silió, José del Prado, intentó, sin conseguirlo, darle categoría de ley.

Estos intentos fueron definitivamente frustrados el 31 de julio de 1922, al publicarse un decreto que abolía todo lo relativo a la autonomía universitaria.

7

LA EDUCACIÓN DURANTE LA DICTADURA DE PRIMO DE RIVERA (1923-1931)

Tras el hundimiento del sistema canovista y dada la gran inestabilidad existente, el 13 de septiembre de 1923 llega al poder el general Miguel Primo de Rivera, tras un golpe de Estado militar.

En estas fechas la situación educativa del país era lamentable: la tasa de analfabetismo se situaba en torno al 50%; el número de escuelas era claramente insuficiente; lo mismo se puede decir del presupuesto dedicado a la instrucción pública; los sueldos de los maestros eran misérrimos...

En estas circunstancias, el nuevo gobierno comienza su andadura respetando e incluso promoviendo algunos de los cambios realizados por los conservadores.

Pero esta actitud fue sólo un espejismo. Enseguida se puso de manifiesto una política educativa que supondría un nuevo paso atrás en aspectos importantes como el de la libertad de cátedra, que queda drásticamente reducida merced a la real orden de 13 de octubre de 1925, como podemos comprobar a lo largo del texto:

«Es fin primordial del Estado atender a su propia conservación [...] exigiendo para ello la obligada cooperación de todos los ciudadanos, y más especialmente la de los funcionarios públicos [...].

A esta clase honrosa de la sociedad pertenecen los Maestros de Escuelas nacionales y todos los profesores de la enseñanza pública que, [...] deben dar ejemplo paladino de virtudes cívicas dentro y fuera de las aulas [...]».

Así, se ordena que los rectores de las universidades vigilen «cuidadosamente acerca de las doctrinas antisociales o contra la unidad de la Patria que puedan ser expuestas por algunos profesores».

Los inspectores de primera enseñanza deberán levantar expediente contra los maestros cuya conducta sea de «pernicioso ejemplo en la localidad». Asimismo, se les atribuye el poder de examinar los libros de texto.

7.1 La segunda enseñanza

Durante el ministerio de Eduardo Callejo de la

Cuesta se emprende una reforma de la educación secundaria (R.D. de 25 de agosto de 1926), que se regía por un arreglo realizado en 1903 a lo establecido por Romanones. En todo caso, la enseñanza secundaria era muy criticada, estando algunos de esos juicios recogidos en el preámbulo del decreto:

«*[...] su desarticulación e independencia de los otros grados primarios y superiores de la enseñanza, el abrumador y exagerado número de exámenes, la dispendiosa y larga duración de sus estudios [...]*».

Para remediar el primero de los defectos señalados, quiere aumentar la coordinación entre las diferentes etapas educativas. Esto cree conseguirlo mediante la incorporación de maestros de primaria en los exámenes de ingreso en los institutos nacionales de Segunda Enseñanza (nombre que sustituyó en 1924 al de institutos generales y técnicos dado por Romanones) «*y reservando a la Universidad la colación del grado de Bachiller en algunos casos, figurando entre los Jueces que lo otorgan Profesores del Instituto*».

Por otro lado, para que los estudios no deban ser tan largos para todos los alumnos, se divide el bachillerato en dos ciclos:

• El primero es el elemental y está destinado a aquellos alumnos que no van a seguir estudios superiores, considerándose un «*complemento de la instrucción primaria*». En este bachillerato «*se ha reducido el número de asignaturas y su duración a sólo tres años, en lugar de los seis exigidos antes [...]*».

• El bachillerato universitario «*sirve de preparación a los estudios de Facultad*». Para acceder a él hay que haber recibido, al término del primer ciclo, el título de bachiller elemental. Este bachillerato estará «*[...] bifurcado en las dos Secciones de Letras y de Ciencias*» y «*comprende tres cursos. El primero, común a las dos secciones [...] y después, cada sección comprende otros dos años*».

Otros aspectos sobresalientes del proyecto son que «*se reconoce la debida importancia a los trabajos prácticos*» y «*dando también mayor amplitud y asiduidad a la educación física de los alumnos*», así como la obligatoriedad de la religión como asignatura.

Esta reforma tampoco llegó a consolidarse, ya que el 20 de agosto de 1930 la enseñanza secundaria sufrió nuevas modificaciones.

7.2 La universidad

El 19 de mayo de 1928 sale a la calle un real decreto-ley que supone una nueva reforma universitaria. El fracaso fue rotundo, a causa del artículo 53, que ana-

La Federación de Amigos de la Enseñanza

En los últimos años de la dictadura de Primo de Rivera emerge en España con gran fuerza una corriente a favor de la escuela pública y contra la enseñanza religiosa. Este movimiento es el que obtendrá el poder con la proclamación de la República.

En este ambiente algunos grupos religiosos detectaron la necesidad de agruparse en defensa de sus intereses; así es como nace la FAE, fundada por el padre Domingo Lázaro, de la Compañía de María; Enrique Herrera Oria, jesuita, y Pedro Poveda, fundador de la Institución Teresiana.

Algunos de los objetivos que aparecen en sus estatutos son los siguientes: protección de la enseñanza privada; defensa de la enseñanza católica; fomento de la cultura, fundamentalmente entre los sectores más desfavorecidos; colaboración con el Estado y otras organizaciones para mejorar la enseñanza.

Entre sus obras hay que destacar las siguientes:

El Instituto Pedagógico, llamado tras el triunfo nacional Escuela Superior de Educación, donde profesores (entre los que cabe citar a Rufino Blanco) daban clase de metodología, psicología de la educación, etc.

Las Semanas de Estudios Pedagógicos, que con carácter anual trataban diferentes temas.

La publicación de la revista *Atenas,* auténtico portavoz de la Federación. Contó con la colaboración de distinguidos profesionales de la educación, entre ellos Víctor García Hoz y Ángeles Galino.

El *Boletín* de la FAE, que trataba temas de muy variada índole, siempre dentro del campo de la educación.

La FAE desapareció en 1958, momento en el que fue absorbida por la Federación Española de Religiosos de la Enseñanza (FERE), fundada un año antes y que aún hoy reúne, representa, coordina y defiende a las instituciones religiosas dedicadas a la enseñanza.

lizaremos a continuación. Este decreto, que reforma los planes de estudios, limita nuevamente la libertad de cátedra. Por otro lado, crea unas materias obligatorias para cada facultad, aunque deja a éstas potestad para que «*puedan establecer aquellas otras que crean posibles y convenientes como extensión y complemento para ampliar o especializar los conocimientos peculiares de aquellas fundamentales disciplinas*», de modo que «*esta libertad engendrará una fecunda variedad y una diferenciación interesante entre las diversas facultades*».

El artículo de la discordia decía lo siguiente:

Los alumnos que hubiesen realizado sus estudios asistiendo habitualmente, durante los años exigidos como mínimo de escolaridad, a Centros de estudios superiores que por más de veinte años de existencia hayan acreditado notoriamente su capacidad científica y pedagógica, realiza-

rán sus exámenes de fin de curso en idéntica forma que los que hubiesen seguido sus cursos normales en la Universidad, siendo examinados en ella por dos Profesores de aquéllos, presididos por un Catedrático de la Facultad en que estuviesen matriculados.

Esto suponía igualar los derechos de ciertos colegios religiosos con los de la universidad, algo ya pretendido cuarenta y tres años atrás por Pidal y Mon al crear los «centros asimilados». El resultado: renuncias de los catedráticos Ortega y Gasset y Fernando de los Ríos y grandes desórdenes en la Universidad Central, hasta el punto de que el gobierno ordenó su cierre y la pérdida de matrícula de sus alumnos. A pesar de la amenaza del gobierno de cerrar las universidades que se unieron a las protestas, finalmente hubo de derogarlo, el 24 de septiembre de 1929.

La falta de una base social que sustentara a Primo de Rivera, así como las críticas recibidas desde todos los frentes, la falta de libertad en la vida universitaria..., hizo fracasar este nuevo intento de reformar la enseñanza superior. La dictadura, a pesar de la presidencia del general Berenguer, ya no podía sostenerse por más tiempo. La crisis económica, los conflictos nacionalistas a los que no se daba solución, el deficiente sistema educativo, la hizo caer, arrastrando con ella a la monarquía.

8

LA EDUCACIÓN DURANTE LA II REPÚBLICA (1931-1936)

Tras la victoria republicana en las elecciones municipales, el presidente del nuevo gobierno provisional, Niceto Alcalá Zamora, proclama la República el 14 de abril de 1931. Aparece publicado en el diario *Abc* el manifiesto en que el rey Alfonso XIII, tras los resultados electorales, señala: «*[...] no tengo hoy el amor de mi pueblo*», y abandona el país.

Los problemas que afectan al país son graves, y pesarán enormemente a lo largo de todo el quinquenio republicano.

En lo económico, la crisis financiera mundial producida como consecuencia del *crack* de la Bolsa de Nueva York (1929) se sufre en España, manifestándose en la devaluación de la peseta; la dictadura deja como herencia grandes deudas; la llegada de la República provoca la salida de capital del país.

Por otro lado, los problemas con la Iglesia se agudizan, y los enfrentamientos Iglesia-Estado debilitaron fuertemente al gobierno.

Por último, señalemos que el ambiente internacional tampoco es mejor: a la ya mencionada crisis económica se une el emergente poder del fascismo en Europa, con los primeros indicios de lo que terminaría siendo la Segunda Guerra Mundial.

Podemos afirmar que la educación fue un tema prioritario durante la etapa republicana.

Durante estos años se emprende una multitud de proyectos que pretenden reformar todo el sistema educativo en base a las ideas políticas del socialismo y apoyadas en los principios pedagógicos de la ILE y de múltiples corrientes de la «escuela nueva».

Para analizar la evolución de la educación durante estos años, dividiremos el periodo republicano en cuatro etapas:

1.ª Gobierno provisional, con Marcelino Domingo San Juan como ministro de Instrucción Pública y Bellas Artes.

2.ª Bienio azañista, con la enseñanza dirigida por Fernando de los Ríos.

3.ª Bienio radical-cedista, en el que se desmonta lo realizado en las fases anteriores.

4.ª Frente Popular.

8.1 El gobierno provisional

Marcelino Domingo era maestro republicano y fundador del Partido Republicano Radical Socialista. Fue ministro de Instrucción Pública en dos ocasiones, de abril a diciembre de 1931 y de febrero a mayo de 1936. Muy preocupado por la situación de la enseñanza en nuestro país, intentó una reforma profunda del sistema educativo.

El primero de los decretos, de 29 de abril de 1931, regula el uso del bilingüismo en Cataluña, haciendo así frente a uno de los problemas planteados desde hacía ya años, y que la dictadura no supo solucionar: el nacionalismo catalán. Por este decreto se convierte en obligatoria la enseñanza en lengua materna en los jardines de infancia y en las escuelas primarias, aunque a partir de los ocho años de edad todos los alumnos deberán recibir lecciones de castellano.

En el segundo, de 4 de mayo, se reorganiza el Consejo de Instrucción Pública, con funciones ya no sólo administrativas sino también pedagógicas de asesoramiento al gobierno.

El tercero (del 6 de mayo) aborda otro tema recurrente en nuestra historia: el de la libertad religiosa. Mediante este decreto, la asignatura de religión ya no es obligatoria, aunque todo alumno tiene derecho a recibirla si así lo solicitan sus padres. El maestro tiene libertad para impartirla o no: de no desear hacerlo, esta asignatura sería responsabilidad de un sacerdote, que no cobraría por ello. En un decreto posterior, que venía a aplacar las críticas vertidas contra esta orden, se explica que abandonar la enseñanza religiosa no supone abandonar la educación moral. No obstante, el problema persistiría todavía y tomaría tintes de mayor gravedad.

El 21 de mayo lanza un decreto por el cual prohibía ejercer el magisterio en cualquier tipo de centro (incluidos los religiosos) sin la titulación correspondiente. Así dejaba clara su postura al respecto, y en general en lo referente a los centros educativos religiosos, pero en la práctica no era posible que en ese momento se llevara a efecto.

Tal vez la más importante labor llevada a cabo durante estos años fue la construcción de escuelas. Sin entrar en cifras, muy dispares en función del autor de los estudios, parece claro que se construyeron muchas más en estas fechas que en cualquier momento anterior. Paralelamente a esto, se organiza un plan de cursillos de selección de personal para acceder a las 7.000 nuevas plazas de maestros convocadas para escuelas públicas, en sustitución de las oposiciones. El objetivo de esta acción era acelerar el acceso de profesorado competente a las nuevas plazas escolares creadas.

También la situación de los maestros mejoró ostensiblemente:

• En primer lugar, mediante una política de ascensos de categorías, la retribución se dignificó.

• Por otra parte, se modifican los planes de estudio de las escuelas normales. En el decreto del 29 de septiembre se dice: *«[...] toda reforma se frustraría sin un maestro que la encarnara en su espíritu. Urgía crear escuelas, pero urgía más crear maestros; urgía dotar a la Escuela de medios para que cumpliera la función social que le está encomendada, pero urgía más capacitar al maestro [...]».* Hay en el gobierno una auténtica preocupación por este tema. Resulta revelador que sesenta años después una ley de educación, la LOGSE, reciba fuertes críticas relativas a la formación de los maestros.

En el artículo primero del decreto mencionado se aborda la estrategia de esta nueva formación: *«La preparación del Magisterio primario comprenderá tres periodos: uno de cultura general, otro de formación profesional y otro de práctica docente».*

Las instituciones responsables de estas tres etapas formativas son, respectivamente: los institutos nacionales de segunda enseñanza, las escuelas normales y las escuelas primarias nacionales, donde harán un curso completo de prácticas.

Si en la enseñanza primaria la legislación creada fue amplísima, no ocurrió lo mismo en la secundaria (donde se anularon los planes de estudio vigentes) ni en la universidad, donde también se modificaron algunos planes de estudio.

Las misiones pedagógicas (1931-1936)

Por decreto del 29 de mayo de 1931, el gobierno republicano creaba el Patronato de Misiones Pedagógicas, plenas del espíritu de la ILE. Como reza el preámbulo de dicho decreto, el ministro quiere *«[...] ensayar nuevos procedimientos de influencia educativa en el pueblo».* Lo que pretende es acercar la cultura fundamentalmente a los pueblos pequeños, lejos de los grandes focos de saber, para que *«[...] participen en las ventajas y goces nobles reservados hoy a los centros urbanos».*

Los trabajos que se designan a este Patronato, dirigido por la Comisión Central, aparecen divididos en tres bloques, en función del objetivo perseguido:

• *Fomento de la cultura general:* Establecimiento de Bibliotecas Populares, fijas e itinerantes; organización de audiciones musicales, exposiciones...

• *Orientación pedagógica:* Organización de cursillos de perfeccionamiento para maestros de escuelas rurales. Esto incluirá actividades con alumnos, empleo de materiales didácticos (en colaboración con el Museo Pedagógico Nacional, que es el lugar donde se ubica el Patronato), etc.

• *Educación ciudadana:* Conferencias sobre la administración del Estado, participación ciudadana...

La dirección del Patronato es responsabilidad de una Comisión Central en Madrid; las comisiones provinciales y los delegados locales deberán acercar el espíritu del Patronato a cada localidad.

El 6 de agosto es nombrado presidente del Patronato Manuel Bartolomé Cossío, siendo algunos de los vocales los siguientes: Rodolfo Llopis, director general de enseñanza primaria y personaje fundamental para el desarrollo de la política educativa republicana; F. Barnés, Antonio Machado...

Para llevar a cabo estas acciones se crean grupos de maestros itinerantes que cuentan con el material necesario para difundir la cultura en los lugares que visitan.

La primera misión pedagógica se puso en marcha en Ayllón (Segovia) en diciembre de 1931. A lo largo de los siguientes años se realizaron unas 70 misiones, se crearon 4.000 bibliotecas, el teatro y coro llegó a 115 pueblos, las colecciones del museo circulante de pintura visitaron más de 60 municipios...

En definitiva, esta iniciativa constituyó la más importante y genuina experiencia de educación popular en el país.

8.2 La Constitución de 1931

La redacción de un nuevo texto constitucional que sirviera de marco legal a la II República española consistió en un tortuoso proceso, hasta su aprobación el 9 de diciembre de 1931. Son varios los artículos que dieron lugar a serios conflictos y duros debates parlamentarios; algunos de ellos merecen ser revisados, por su repercusión político-educativa.

Tras afirmarse en el artículo tercero que *«el Estado español no tiene religión oficial»,* el problema mayor se presenta en el 26. Este artículo señala, entre otras cosas, que *«una ley especial regulará la total extinción [...] del presupuesto del clero».* Además, se prohíbe ejercer la enseñanza a las órdenes religiosas.

Podemos decir que la inclusión de este artículo fue un grave error político y una imprudencia, al no tener en cuenta el grado de penetración social que la Iglesia católica tenía en la sociedad. De este modo, los católicos irán ocupando posiciones de claro rechazo al régimen republicano, que a la larga favorecerá el debilitamiento del mismo y la confrontación social.

El ideal republicano y socialista de enseñanza aparece recogido en el artículo 48, que por su importancia presentamos íntegramente:

El servicio de la cultura es atribución esencial del Estado, y lo prestará mediante instituciones educativas enlazadas por el sis-

tema de la escuela unificada.

La enseñanza primaria será gratuita y obligatoria.

Los maestros, profesores y catedráticos de la enseñanza oficial son funcionarios públicos. La libertad de cátedra queda reconocida y garantizada.

La República legislará en el sentido de facilitar a los españoles económicamente necesitados el acceso a todos los grados de enseñanza, a fin de que no se hallen condicionados más que por la aptitud y la vocación.

La enseñanza será laica, hará del trabajo el eje de su actividad metodológica y se inspirará en ideas de solidaridad humana.

Se reconoce a las iglesias el derecho, sujeto a inspección del Estado, de enseñar sus respectivas doctrinas en sus propios establecimientos.

Ante todo, resulta fundamental tratar aquí el tema de la escuela única o unificada, objetivo final de la reforma republicana. Consistente en la creación de un sistema educativo en que todas las etapas, desde la infantil hasta la superior, estén estrechamente ligadas entre sí, de forma que los alumnos progresen a través de ellas en función de su valía, no de su situación socioeconómica. Podemos señalar como características, que son en definitiva las guías de acción para los legisladores republicanos, las siguientes:

- Aconfesionalidad, lo que no tiene por qué suponer ataque a la Iglesia.
- Educación mixta.
- Obligatoriedad.
- Gratuidad.
- Monopolio estatal o, por lo menos, fuerte control del Estado.

Debemos mencionar que durante la etapa republicana no llegó ni tan siquiera a iniciarse la implantación de la escuela unificada.

También los artículos 49 y 50 tratan el tema de la enseñanza: en el primero de ellos se señala que sólo el Estado puede expedir títulos académicos, y el segundo toca vagamente el problema de la enseñanza en las regiones autónomas.

Como se puede ver, el texto constitucional trata de forma bastante profunda el asunto de la enseñanza, más de lo que es habitual en una norma de este tipo, pero era un modo de asegurarse la estabilidad —por la dificultad que entraña modificar una Constitución— en un asunto que resultaba de particular importancia para ellos.

8.3 El bienio azañista

Una vez aprobada la Constitución es nombrado ministro de Instrucción Pública Fernando de los Ríos, antiguo profesor de la ILE y gran defensor de la escuela unificada, que durante el gobierno provisional había sido ministro de Justicia. Su etapa al frente del ministerio es una continuación de la línea marcada por su antecesor. Prueba de ello es que mantiene el mismo equipo en el ministerio con el que trabajara Marcelino Domingo, destacando entre ellos Rodolfo Llopis (miembro del PSOE).

El primer gran problema con que se encuentra, como no podía ser de otro modo tras aprobarse la Constitución, fue el religioso. Hubo de hacer frente a varios documentos del episcopado español, y a otro del Vaticano, en el que se impelía a los católicos españoles a enviar a sus hijos a escuelas únicamente católicas.

Continuó con la ingente labor de crear escuelas en todo el país, dando nuevo impulso a este esfuerzo por eliminar el analfabetismo en el Estado. Para ello también dictó varios decretos facilitando la realización de estas construcciones, tanto en lo referido a la financiación como a los aspectos técnicos de las obras a realizar (estructuras adecuadas, etc.).

Por decreto, el 27 de enero nace la Sección de Pedagogía en la Facultad de Filosofía y Letras de la Universidad de Madrid, lo que supone la desaparición de la Escuela de Estudios Superiores del Magisterio, creada en 1909 por el ministro Faustino Rodríguez

San Pedro, en la que se habían formado personalidades como María de Maeztu, Lorenzo Luzuriaga o el propio Rodolfo Llopis.

La creación de esta sección persigue, como el mismo decreto indica, que el nivel del profesorado ascienda, *«llegando hasta alcanzar una preparación de carácter universitario».* Para ello el ministro precedente ya había exigido para poder ingresar en las Escuelas de Magisterio el título de bachiller. Ahora se da un paso más, dando la debida formación a quienes han de ejercer funciones como las de la inspección o el profesorado de escuelas normales. Los títulos que concederá esta sección pueden ser tres:

• Certificado de estudios pedagógicos: habilita para ejercer como profesor de instituto de segunda enseñanza.
• Licenciatura en Pedagogía: forma para asumir funciones de inspección de primera enseñanza, cátedras de pedagogía en escuelas normales, etc.
• Doctorado en Pedagogía: *facultará para las oposiciones a cátedras universitarias de la Sección de Pedagogía.*

El resto del decreto establece las normas de acceso, exámenes, etc.

El 9 de diciembre de 1932 presenta un proyecto de bases de la primera y segunda enseñanza, en un esfuerzo por organizar el sistema educativo, que no llega a ser discutido en las Cortes.

También se acomete la reforma de la inspección de primera y segunda enseñanza, que moderniza la figura del inspector. Mediante estas revisiones de su papel, pasa de ser un controlador dedicado a la burocracia a ser un apoyo para el profesorado, un dinamizador, un especialista en educación.

En lo referente a la segunda enseñanza es fundamental el problema planteado por la expulsión de las órdenes religiosas del ámbito de la educación: la Junta de sustitución se crea con el fin de organizar la formación del profesorado que sustituirá al de estos centros (el sistema de oposición dejará paso al de cursillos) y de crear y preparar los nuevos centros.

Son muchas las reformas emprendidas, aunque por la extensión de este trabajo citaremos sólo las principales:

• Proyecto de Ley de Bases de Reforma Universitaria, que no llega a ser aprobado.
• Creación de las Escuelas de Estudios Árabes de Madrid y Granada.
• Reglamento de Escuelas Normales, de 17 de abril de 1933, que, entre otras cosas, pasan a ser mixtas.
• Orden acerca de las *enseñanzas de adultos y adultas en las escuelas de primera enseñanza,* con carácter voluntario, siendo su objetivo aumentar la instrucción de la población que no recibió la formación necesaria.
• Creación de la Universidad Internacional de Verano de Santander.

Como puede verse, el intento de reformar la instrucción fue amplio. Pero no se fraguó en una nueva ley de instrucción de carácter renovador. Las circunstancias políticas y sociales eliminarían cualquier posibilidad de llevar a cabo ese proyecto de la escuela unificada. Los socialistas pierden apoyos en el gobierno —debido en gran parte a su enfrentamiento con la Iglesia—, lo que da paso a la tercera fase de la II República.

8.4 El bienio radical-cedista

El 16 de diciembre de 1933 el radical Lerroux forma gobierno junto con la católica CEDA, de José M.ª Gil-Robles.

Será este último partido el que controle la política educativa, que no será sino una ofensiva contra lo realizado durante el bienio Azaña, marcada por la grave inestabilidad política: entre noviembre del 33 y febrero del 36 un ejército de ministros se hará cargo de la instrucción pública: Domingo Barnés, Pareja Yébenes, Salvador de Madariaga, Filiberto Villalobos (el de mandato más largo —unos diez meses— aunque distribuidos en dos periodos diferentes), Joaquín Dualde (también en dos ocasiones), Juan José Rocha, Luis Bardají, Manuel Becerra (con una permanencia al frente del ministerio de ¡16 días!), y alguno más.

En este ambiente movedizo, es fácil suponer que la normativa creada en esta época no contaba con gran credibilidad.

Vamos a exponer sucintamente las medidas tomadas en estos años, casi todas encaminadas a eliminar lo realizado por los ministros anteriores:

• En primer lugar, se dio un paso atrás en la implantación de la escuela mixta, que fue prohibida en la enseñanza primaria, a la vez que se intentó eliminar también en las escuelas normales, aunque sin éxito.

• En cuanto a la inspección, pieza clave de la renovación del bienio azañista por su papel como dinamizador pedagógico del profesorado, la transforma confiriéndole una vez más un carácter meramente burocrático.

• Aunque no se detiene la construcción de escuelas, su ritmo baja considerablemente.

• El 29 de agosto de 1934 se publica el nuevo plan de bachillerato, reforma que se hacía ya imprescindible. Se prolongó su duración de seis a siete cursos, con un talante conservador y tradicional. Aunque en líneas generales fue bien acogido, una crítica muy negativa recibió el hecho de que los alumnos que escogiesen estudios de magisterio no cursarían los dos últimos cursos: por tanto, la formación de los maestros vuelve a disminuir, dificultándose la homologación del magisterio con los otros estudios universitarios.

• En la universidad, elimina la representación de los alumnos en los claustros y pone trabas a las asociaciones de estudiantes.

• A causa de las revueltas de septiembre y octubre de 1934 en Cataluña y Asturias, sofocadas por el ejército, es suprimido el Estatuto de Cataluña, centralizándose de nuevo la enseñanza al ser disueltos distintos organismos autonómicos, como el Patronato Escolar de Barcelona y el Patronato de la Universidad de Barcelona.

Hay que señalar que ya en este momento se percibía con claridad que era imposible la eliminación de los centros educativos de las órdenes religiosas: muchas de ellas transfirieron la titularidad de los mismos a seglares, creando agrupaciones de centros a los que la Constitución republicana no podía eliminar.

La coalición radical-cedista va perdiendo solidez, al mismo tiempo que cobra fuerza el Frente Popular, formado por la alianza de partidos de izquierdas.

8.5 El Frente Popular

Con las elecciones de febrero de 1936, en un ambiente

que ya vaticina el desastre de julio, el Frente Popular llega al poder, con lo que Azaña ocupa la presidencia de gobierno. Como ya ocurriera en el gobierno provisional, Marcelino Domingo dirigirá el Ministerio de Instrucción Pública.

En los escasos meses que preceden a la guerra civil, la política educativa del Frente Popular apunta a una continuación de la labor llevada a cabo durante los primeros años de la República, lo que suponía legislar contra lo decretado por los múltiples ministros del gobierno de Lerroux. Algunas de estas acciones son las siguientes:

• Refundación del Patronato de la Universidad de Barcelona y de su Patronato Escolar.

• Restablecimiento de la Inspección Central, volviendo a la situación del año 1932.

• Nueva aceleración en la construcción de escuelas.

• Con objeto de dignificar la enseñanza primaria, se crea el certificado de estudios primarios, expedido cuando el alumno, a los catorce años, finaliza su periodo de escolaridad obligatoria.

Con el inicio de la guerra civil, el 18 de julio de 1936, la situación política y social cambia de forma drástica.

Lorenzo Luzuriaga (1889-1959).—Nacido en Valdepeñas (Ciudad Real) en el seno de una familia de educadores, cursa estudios en la Escuela Superior del Magisterio y en la Facultad de Filosofía y Letras de la Universidad de Madrid. Obtiene una beca de la Junta de Ampliación de Estudios gracias a la cual viaja a universidades alemanas.

Su pensamiento educativo está muy influido por la ILE, donde será discípulo de Giner de los Ríos. También trabajará a las órdenes de Bartolomé Cossío en el Museo Pedagógico Nacional.

También le influye el pensamiento de Ortega, así como la línea política del PSOE, partido para el que redacta las *Bases para un programa de instrucción pública.*

Escribe en diferentes diarios y revistas, como el *Boletín de la Institución Libre de Enseñanza.* Pero su obra principal será sin duda la fundación en 1922 de la *Revista de Pedagogía,* que dirigirá hasta el inicio de la guerra civil. En ella colaboraron personajes de la talla de Montessori o Dewey.

Se le considera uno de los principales artífices de la política educativa de la II República, siendo un ferviente defensor de la escuela unificada, activa y laica (enfrentándose por tanto al cuasi monopolio de la Iglesia en el sistema educativo español). Podemos encontrar sus ideas respecto a este modelo escolar en sus obras *La escuela unificada* (1922) y *La escuela única* (1931).

Como tantos otros, en 1936 conoció el exilio. No obstante, en esta nueva situación supo continuar su brillante carrera, ya como educador en diversas universidades argentinas, ya como escritor de obras imprescindibles para el estudioso de la educación. Podemos destacar entre ellas *Historia de la educación pública, Pedagogía social y política* o su *Diccionario de pedagogía.*

9

LA EDUCACIÓN DURANTE
LA GUERRA CIVIL (1936-1939)

Con el comienzo de la guerra, la educación, en contra de lo que podría suponerse, cobra un protagonismo muy especial: por parte de los dos bandos contendientes surge la idea de que es un factor indispensable para el triunfo. Las batallas no pueden desarrollarse únicamente con armas de fuego; es fundamental ganar la guerra ideológica, transmitir a la población (y más en concreto a los combatientes) la propia forma de pensamiento. Por ello, las posturas se radicalizan: el gobierno republicano se desliza a la izquierda, mientras los sublevados persiguen la total eliminación (y posterior sustitución) del sistema educativo vigente.

9.1 La educación en la España republicana

9.1.1 Enseñanza primaria

Los focos de tensión son los mismos que años antes: el papel de las órdenes religiosas en la enseñanza (ya poco antes de comenzar la guerra, el ministro Barnés había dispuesto la incau-

tación de los centros educativos pertenecientes a congregaciones religiosas. Sin embargo, y dado el escaso efecto real que tuvo el decreto, el ministro Jesús Hernández Tomás, una vez comenzado el conflicto, insistió en ello), la escuela mixta o segregada (desde el 9 de septiembre de 1937 todas las escuelas serían mixtas), etc.

El 28 de octubre de 1937 aparece el nuevo plan de estudios para la escuela primaria, que intenta ser el punto de partida para la total reorganización del sistema de enseñanza. Se observa aquí el giro a la izquierda del gobierno, fruto del conflicto entre «las dos Españas», y la vuelta a la idea de la escuela unificada, cuyas características encontramos en el preámbulo:

«[...] a fin de establecer una íntima relación entre los distintos grados de la enseñanza, facilitar la adquisición de una sólida cultura elemental a todo el pueblo y permitir a los más aptos una formación científica de acuerdo con su capacidad, sea cualquiera la posición económica o social de los padres».

La figura del maestro también se transforma a causa de la guerra, ya que se convierte, a través de diversos decretos, en transmisor de la ideología republicana.

Por otro lado, y con las dificultades propias del momento, continúa la labor de creación de escuelas.

9.1.2 Enseñanza media y profesional

Se crea el bachillerato abreviado para obreros, en principio en Valencia y posteriormente en Madrid, Barcelona y Granollers, dirigido a personas con edades comprendidas entre los 15 y los 35 años (aunque la primera intención reducía este abanico a los jóvenes entre 15 y 18). Los estudios tenían una duración de cuatro semestres, siendo gratuita tanto la matrícula como el material y la expedición del título de bachiller, que gozaba de plena validez académica.

En cuanto a la enseñanza profesional, no se realizaron grandes cambios. La pretensión era formar a todos los trabajadores, incluyendo a las mujeres (que debían ingresar en las fábricas a causa de la masiva incorporación a filas de los varones) para desempeñar trabajos propios de su entorno.

Destaca el intento de formar a los campesinos y de este modo capacitarlos para explotar las tierras abandonadas por los sublevados. Estas enseñanzas agrícolas, organizadas en distintas categorías (desde obreros hasta ingenieros), aunaban la teoría con la experiencia.

9.1.3 El ámbito universitario

La enseñanza superior fue la que más trágicamente sufrió las consecuencias de la guerra. Las iniciativas legisladoras fueron mínimas, los alumnos debían luchar en los frentes. Para paliar este último problema se realizan cursillos intensivos.

Muchos profesores son separados de sus cátedras, otros marchan al extranjero. Se inicia así el exilio del profesorado universitario, que se produciría a lo largo de toda la guerra y aun después.

9.1.4 La lucha contra el analfabetismo

Apenas iniciado el año 1937 se crearon las *milicias de cultura,* formadas por instructores que, bajo disciplina militar, eran responsables de impartir la enseñanza elemental a los combatientes. Esta iniciativa tuvo éxito, por lo que a los pocos meses se reforzó con la creación de las *brigadas volantes de la lucha contra el analfabetismo en la retaguardia,* de carácter semejante a las anteriores pero no militarizadas. Se publicaron libros para facilitar esta tarea de alfabetización.

Entre todos ellos destaca

la *Cartilla escolar antifascista,* que facilita el aprendizaje de la lecto-escritura empleando frases cortas de apoyo a la República, tales como: *«Luchamos por nuestra cultura», «Venceremos al fascismo», «La victoria exige disciplina», «Obediencia al gobierno legítimo»...*

A pesar de estos esfuerzos, era necesario añadir más recursos para paliar la situación de analfabetismo generalizado de la población. Por ello se creó una campaña dirigida a las zonas rurales (recogiendo el testigo que dejara el Patronato de Misiones Pedagógicas), así como un conjunto de cursillos en los institutos de enseñanza media de diversas ciudades, a realizar en los meses de verano.

9.1.5 La educación popular

Destaca en este apartado la aportación de los ateneos libertarios, de orientación anarquista, dirigidos fundamentalmente por la CNT. Durante los años de gobierno republicano venían desarrollando una importante actividad de difusión cultural, con diferentes escuelas o la valenciana Universidad de Moncada, creada para formar técnicos agrícolas.

En el inicio de la guerra se unen en una federación que pretende cohesionar a todos los ateneos existentes, fundamentalmente en lo relativo a la ideología. A pesar de los muchos problemas surgidos, tales como la falta de edificios y de profesores adecuados, se logra la creación del bachillerato confederal.

9.1.6 Otras iniciativas del gobierno

Destacaremos brevemente dos:

• La creación de las direcciones provinciales de primera enseñanza, en un intento de descentralización de la función educativa del Estado.

• En lo referente a educación especial, se pone en marcha una escuela nacional para niños disminuidos.

9.2 La educación en la España nacional

Comencemos definiendo el posicionamiento ideológico de los sublevados, que se caracteriza, en los primeros momentos, por la heterogeneidad de posturas: constituyen sus filas tanto monárquicos como falangistas, tradicionalistas, etc. Por ello era imprescindible en esos momentos crear unas señas de identidad propias.

El primer paso para combatir esta disgregación fue la prohibición de los partidos políticos, adoptando la doctrina de la Falange Española. Se busca así, como requisito para instaurar un Estado totalitario, homogeneizar todas las ideologías en una sola: las demás son consideradas erróneas y, por tanto, el Estado debe eliminarlas.

El otro gran nexo de unión es la Iglesia católica, fuertemente enfrentada a la República, como emblema de la tradición. El episcopado español arropa a los militares sublevados, como manifiesta bien a las claras en la declaración colectiva de 1937.

Señalemos por último el otro gran estandarte del nacionalcatolicismo: el patriotismo acérrimo.

En torno a estos pilares se va configurando el nuevo sistema político-ideológico y, por tanto, educativo.

Al contrario de lo que sucedía al gobierno legítimo, el bando nacional no tenía una estructura administrativa en que apoyarse: sus primeros esfuerzos se encaminaron a su creación. El 1 de octubre de 1936 se legisla la existencia de la Comisión de Cultura y Enseñanza, dirigida por José María Pemán, que duraría hasta la creación, el 30 de enero de 1938, del Ministerio de Educación Nacional, dirigido hasta el final de la guerra por Pedro Sainz Rodríguez.

9.2.1 Enseñanza primaria

Las medidas iniciales se encaminan a «depurar» el sistema, destruyendo todos los signos de la enseñanza republicana:

• Se sustituye a los maestros que hayan tenido relación con el Frente Popular o que hayan apoyado sus métodos escolares.

• Se eliminan todas las publicaciones que pudieran atentar contra los principios del nuevo régimen. Se editan libros de texto obligatorios para todas las escuelas.

• En septiembre de 1936 se hace obligatoria la enseñanza de la Religión y la Historia Sagrada. Sucesivas circulares obligan a colocar en todas las escuelas una imagen de la Virgen, celebrar la Cuaresma en las escuelas y otras medidas similares.

• Respecto a la formación de los maestros en activo, destaquemos la celebración de un curso celebrado en Pamplona en 1938, con la presencia de cuatrocientos docentes. En dicho curso se explicaron las bases de la educación del nuevo régimen: no a las ideas de la nueva escuela europea, catolicismo a ultranza, etc.

Los estudiantes de magisterio debían presentar al matricularse un informe de las autoridades civiles, militares y eclesiásticas que «acredite su buena conducta religiosa y patriótica», según indica la orden de 20 de enero de 1939.

• Señalemos por último la escasa importancia dada a la formación de los soldados nacionales en el frente, al contrario de lo hecho por el ministro Jesús Hernández, del bando republicano.

9.2.2 La enseñanza secundaria

Este nivel educativo mereció más atención. En los primeros meses de confrontación las líneas seguidas por los sublevados son parecidas a lo realizado en la enseñanza primaria:

• El 23 de septiembre de 1936 se suprime la coeducación en los institutos, decisión ésta encaminada «*a la moralización de las costumbres*». Respecto a los centros femeninos, el decreto indica que «*constituiría el ideal que el profesorado de estos institutos, excepto el de Religión, fuese completamente femenino*», aunque en esos momentos fuese todavía imposible.

• Cierre de institutos, lo que favoreció tras la guerra la creación de centros privados.

El principal proyecto desarrollado por el Ministerio de Educación Nacional, dirigido por Sainz Rodríguez, fue la Ley Reguladora de los Estudios de Bachillerato, de 20 de septiembre de 1938. La idea era legislar «*[...] los grados todos y especialidades de la enseñanza*», y esta ley deberá marcar la pauta, «*porque el criterio que en ella se aplique ha de ser norma y módulo de toda la reforma*». La ley sólo regula el bachillerato universitario, no todas las enseñanzas medias, ya que opina que así influye en la formación de las clases dirigentes de la sociedad. Aquí se trasluce una visión elitista del bachillerato: ya no es, como para los liberales, una etapa dirigida a ampliar la cultura del pueblo, sino un estudio preparatorio para acceder (las clases más influyentes) a la universidad.

La ley se desarrolla en dieciséis bases: podemos destacar de ella el gran empuje dado a los estudios clásicos y humanísticos, la uniformidad de contenido para todos los alumnos (no hay opcionalidad), el control sobre los libros de texto y, una vez más, la importancia concedida a la religión y el patriotismo.

El bachillerato consta de siete cursos, organizados en torno a siete disciplinas fundamentales. Entre dichas materias aparecen dos idiomas, debiendo ser uno de ellos obligatoriamente el alemán o el italiano.

También se crea la inspección de la enseñanza media, que cuidará de que «*las enseñanzas respondan a los principios inspiradores del Movimiento Nacional*».

Quizá la principal consecuencia de la aplicación de esta ley fue el fenomenal aumento del número de centros de enseñanza privada, al dar plena libertad para crearlos.

Entre sus taras, al margen de valoraciones sociopolíticas, destaca la importancia concedida al examen de Estado, para el cual muy a menudo los centros no preparaban satisfactoriamente.

9.2.3 La enseñanza universitaria

La enseñanza superior no recibiría apenas atención durante los años de guerra en el territorio nacional. Durante el año 1936 se suspenden las clases. En el curso siguiente se organizan ciclos de conferencias sobre diversos temas. Por otro lado, las universidades participan en las comisiones depuradoras de libros de texto.

Sólo al final de la guerra se crea una comisión para estudiar la reorganización de la universidad, de tal suerte que el 25 de abril de 1939 se presenta el proyecto de ley de reforma universitaria, desarrollado a través de unas bases generales. Entre las directrices en las que se inspira señalamos éstas:

1.ª Revitalización histórica de la Universidad española por su plena compenetración con el ideal de la Hispanidad [...].

3.ª Formación patriótica y moral inspirada en un sentido religioso.

5.ª Intensificación del carácter cultural y educativo de la Universidad y robustecimiento del principio de autoridad de ésta.

Al final de la guerra, Sainz Rodríguez es sustituido al frente del Ministerio de Educación Nacional. Los años de guerra civil y la labor del ministro cesado habían conseguido derrumbar (incluida una fortísima depuración) la obra educativa de la II República.

10

LA EDUCACIÓN DURANTE EL FRANQUISMO (1939-1975)

10.1 Ministerio de Ibáñez Martín

Ibáñez Martín será el encargado de llevar las riendas de educación desde el final de la contienda hasta el año 1951.

Las primeras medidas tomadas iban encaminadas a la creación de los organismos necesarios para el buen funcionamiento de la nueva administración.

El mismo año de la conclusión de la guerra se organiza el Consejo Superior de Investigaciones Científicas (CSIC). Formado por científicos del ejército e institutos y representantes de las universidades, reales academias y otras organizaciones, el objetivo perseguido según el decreto-ley que dictamina su fundación es *sistematizar la investigación, aplicándola a desarrollar e independizar la economía nacional, y colocar la organización científico-técnica en primer plano de los problemas nacionales.* Para su funcionamiento se dividía en patronatos dedicados a diferentes temas, tales como las ciencias naturales y agrarias, humanidades, etcétera.

Le sigue, en agosto de 1940, la fundación del Consejo Nacional de Educación, con una *función rigurosamente técnica y asesora como instrumento para servir disciplinadamente los altos intereses del Estado en materia de educación.* A pesar de los problemas a los que debía hacer frente, como la falta de recursos o la ausencia de un reglamento que regulara su funcionamiento (que no fue aprobado hasta 1955), desarrolló una amplia labor de orientación al ministerio, siempre bajo las directrices eclesiales y del partido único. Se dividía en seis secciones: Universidades y Alta Cultura; Enseñanzas Medias; Enseñanza Primaria; Enseñanza Técnica y Profesional; Bellas Artes, y Archivos y Bibliotecas.

Destaquemos también la creación del Instituto de Pedagogía San José de Calasanz, con el fin de promover la investigación educativa. Desde este instituto se publicaron las célebres *Revista Española de Pedagogía* y *Bordón*.

Tras la guerra civil, el campo de la educación vivirá unos años de tensión, ejercida por los dos grandes apoyos del régimen: la Iglesia y la Falange. Ambos grupos luchaban por detentar el poder en la enseñanza nacional, conscientes de su importancia a la hora de transmitir valores y formas de conducta. A la larga, resultó vencedor el poder eclesiástico sobre el político, por lo que poco a poco la enseñanza española quedó en manos de la Iglesia. En todo caso, ambos focos de decisión influyen de forma sobresaliente en la redacción de las leyes que verán la luz en los años cuarenta y que, en casos como el de la legislación referente a la universidad, regirá sin apenas cambios hasta 1970.

10.1.1 Ley de Ordenación Universitaria

La Ley de Ordenación Universitaria, de 29 de julio de 1943, regula a lo largo de sus trece capítulos todo lo referente a la vida universitaria nacional. Está escrita con lenguaje rebosante de exaltación patriótico-religiosa, como se puede comprobar con sólo comenzar a leer el preámbulo:

«*Entre los tesoros del patrimonio histórico de la Hispanidad descuella con luminosidad radiante la de nuestra tradición universitaria. [...] La Universidad salmantina, colocada desde su nacimiento en la vanguardia de los estudios generales de la cristiandad [...]*».

En el preámbulo se describe cómo la universidad española, creadora antaño del *ejército teológico que se apresta a la batalla contra la herejía para defender la unión religiosa de Europa,* en el siglo XVIII cae en crisis y de esta manera *se derrumbó con estrépito el edificio de nuestra unidad espiritual.* Después, y a pesar de algunos intentos de rescatar *a la universidad de su fatal descamino,* como el del *ínclito general Primo de Rivera,* con la llegada de la República, ésta *lanzó a la universidad por la pendiente del aniquilamiento y la desespañolización.*

Las características más destacables de lo legislado son:

• Tradicionalismo: *La ley devuelve a la Universidad la plenitud de sus funciones tradicionales, [...] no desconoce lo tradicional ni en el aspecto más externo, por eso la Ley restaura la castiza y solemne elegancia de patronatos, ceremoniales, emblemas y actos que decoran el honor universitario.*

• Confesionalidad: *La ley [...] quiere ante todo que la Universidad del Estado sea católica.*

• Politización de la educación: *[...] exige el fiel servicio de la Universidad a los ideales de la Falange, inspiradores del Estado [...].*

• Centralismo y jerarquización.

• Autoritarismo: El claustro de profesores apenas tiene funciones de importancia, siendo el rector (militante de la Falange) el conductor de la universidad.

El poder de la Falange en la universidad era detentado fundamentalmente merced al Sindicato Español Universitario (SEU), cuya afiliación era obligatoria para todos los estudiantes y que influía fuertemente en la regulación de la vida universitaria.

10.1.2 Ley de Educación Primaria

Ya hemos señalado el enfrentamiento existente entre el partido único y la Iglesia para obtener el control de la educación. Si en lo referente a la universidad fue la Falange quien obtuvo el triunfo, la Ley de Educación Primaria de 17 de julio de 1945 supone la victoria del poder eclesiástico, que podría fundar sus propias escuelas y controlar las estatales. Además, las escuelas de la Iglesia (que conviven en el sistema con las escuelas del Estado y las privadas) son las únicas en las que al profesorado se le exime de poseer el título profesional correspondiente.

El preámbulo, tras alabar la tradición pedagógica española, *uno de los caudales más valiosos de nuestro haber histórico,* expone los principios fundamentales, similares a los ya señalados para la enseñanza superior:

- Carácter religioso: *La Escuela española [...] ha de ser ante todo católica.*
- Patriotismo: *La Escuela en nuestra patria ha de ser esencialmente española, [...] se inspira en el punto programático del Movimiento Nacional por el que se supedita la función docente a los intereses supremos de la Patria.*
- Importancia de la educación social y física.
- Obligatoriedad.
- *Gratuidad para los niños que no puedan pagar la Escuela.*
- *Separación de sexos en la enseñanza.*

La ley se divide en siete títulos.

En el primero de ellos se desarrollan los principios básicos: además de los ya señalados en el preámbulo, aparecen los objetivos de la enseñanza primaria, el derecho de las familias a la libre elección del centro educativo de sus hijos, etc. Señala también que la educación primaria orientará a los alumnos, según sus aptitudes, hacia los estudios superiores o hacia el mundo laboral. En cuanto a las chicas, se las preparará *especialmente para la vida del hogar, artesanía e industrias domésticas.*

El título II, dedicado a la escuela, divide la enseñanza primaria en las siguientes etapas:

De iniciación: hasta los seis años, subdividida a su vez en escuela maternal y escuela de párvulos.

Enseñanza elemental: de seis a diez años.

Perfeccionamiento: de los diez a los doce años.

De iniciación profesional: de doce a quince años.

De esta manera, los alumnos, a los diez años, debían optar entre cursar el bachillerato o continuar la enseñanza primaria (en la etapa de «perfeccionamiento»).

También se regulan aspectos tales como las enseñanzas a impartir, las actividades complementarias o los libros de texto, que deben ser aprobados por el Ministerio de Educación Nacional.

El título III define los derechos del niño, *sujeto principal de la educación,* así como los deberes de la familia (cuidar de que sus hijos acudan a la escuela, estar informados del aprovechamiento de sus hijos...).

El título IV, referente al maestro, *cooperador principal de la educación de la niñez,* regula sus funciones, las características que deben regir su formación, el ingreso en el cuerpo de maestros nacionales y la inspección.

En el título V se define el régimen administrativo del magisterio y del personal no docente, sueldos y régimen disciplinario.

El título VI consta de un solo artículo: *Un Decreto especial determinará las relaciones de las distintas Delegaciones y Servicios del Movimiento en la Educación primaria.*

En el séptimo y último título se tratan las funciones de los organismos administrativos responsables de la educación: Consejos de Educación y Juntas Municipales.

Según señala Puelles Benítez, durante estos años decrece el ritmo en la construcción de escuelas, lo que parece achacable al artículo 17 de la ley, en el que se señala que el Estado estimulará la creación de escuelas y las construirá sólo en caso de ser necesario.

10.1.3 Ley de Enseñanzas Medias y Profesionales

Desde la implantación de la ley de 1938 referente a la enseñanza media, la situación social española había sufrido importantes transformaciones, muchas de ellas debidas a los cambios producidos en el panorama político europeo.

La población, fundamentalmente en medios rurales, demandaba la posibilidad de ampliar sus estudios como única manera de aumentar su posición social: el bachillerato universitario, de carácter elitista, no podía cumplir esta misión. Con este objeto, *hacer extensiva la educación media al mayor número posible de escolares,* el 16 de julio de 1949 aparece una ley de bases de regulación de la enseñanza media y profesional. De esta manera se crea el bachillerato laboral, que prepararía a sus alumnos para *iniciarlos en las prácticas de la moderna técnica profesional*. Por otro lado, también podía servir de puente hacia otros estudios superiores.

Esta modalidad de bachillerato, que no sustituye al llamado universitario, sino que lo complementa, consta de cinco cursos: el primero de cultura general, y los siguientes de especialidad, que pueden ser las siguientes: agrícola y ganadera (la más cursada), industrial y minera, marítima y pesquera y la opción femenina.

Aunque este bachillerato no fue cursado por un gran número de alumnos, gozó de cierta influencia, fundamentalmente en aquellas localidades que no disponían de institutos universitarios.

10.2 Ministerio de Joaquín Ruiz-Giménez

Durante el verano de 1951, Ibañez Martín fue sustituido al frente del ministerio por el más liberal Joaquín Ruiz-Giménez, que ocuparía el cargo hasta 1956. Comenzaba a atisbarse cierto intento de aperturismo político, para lo cual se contaría con el apoyo del Vaticano (firma del Concordato de 1953): gracias al arranque de este proceso, España se incorpora a las Naciones Unidas dos años después.

Este nuevo clima favoreció la reforma del sistema educativo emprendida por el nuevo ministro, que, aunque de forma insuficiente, vio cómo aumentaban las partidas presupuestarias dedicadas a la enseñanza.

10.2.1 Ley de Ordenación de Enseñanzas Medias

El 26 de febrero de 1953 es aprobada la Ley de Ordenación de Enseñanzas Medias, en la que ya se aprecian los cambios que se están produciendo: el más evidente, la transformación del lenguaje del texto, abandonando, al menos en parte, aquel de exaltación patriótico-católica, siendo sustituido por otro más técnico-pedagógico.

Esto último no supone, como es evidente, el abandono de la enseñanza confesional como principio. La ley proclama el derecho de la Iglesia a crear centros educativos de todos los niveles, así como a inspeccionar en todo el sistema lo concerniente a la moral y la religión. Unos meses más tarde esta norma quedará plasmada en el Concordato.

Divide el bachillerato en elemental (de cuatro cursos) y superior (dos cursos), dividido en rama de ciencias y rama de letras. Una vez obtenido el título de bachiller superior, los alumnos podían realizar el curso preuniversitario. Gracias a esta división y a la mejor situación económica del país, se producirá la generalización del bachillerato elemental, de tal suerte que será habitual cursar estudios hasta los catorce años; la enseñanza primaria se ha quedado corta para las exigencias de la nueva sociedad: en un gran número de empresas privadas se exige, como mínimo, el título de bachiller elemental.

La ley no organiza un plan de estudios, admitiendo la diversidad existente.

La inspección de enseñanza media se profesionaliza, dándole un nuevo valor como servicio de apoyo pedagógico al profesorado, aunque a la hora de las realizaciones prácticas en numerosas ocasiones se quedara en una función burocrática. En todo caso, es innegable el gran paso dado por el ministro y el director general de Enseñanza Media, José M.ª Sánchez de Muniáin, al promulgar una ley en la que el protagonismo recae en los aspectos pedagógicos.

También es consecuencia directa de esta ley la creación de un bachillerato laboral superior, añadiendo dos cursos optativos a los cinco del bachillerato laboral creado en 1949.

10.2.2 Ley de Formación Profesional Industrial

La formación profesional industrial se legisla el 20 de julio de 1955. Su objetivo básico es ofrecer una formación técnica a los sectores de población que, tras finalizar la enseñanza primaria, se incorporan a un mercado laboral cada vez más industrializado y con mayores exigencias formativas. Hay que tener en cuenta que los institutos laborales creados seis años atrás, aunque todavía seguirían existiendo un tiempo, no habían respondido a las expectativas generadas.

Parece innecesario repetir los principios básicos, que son los comunes a toda la legislación de la época en esta materia, como lo establecido por el Concordato.

Los centros ahora creados se dividen en los siguientes grados:

Escuelas de preaprendizaje: 2 cursos (12-14 años); *Escuelas de aprendizaje:* 3 cursos (14-17 años); *Escuelas de maestría:* 4 cursos, (17-21 años). Los dos primeros, para el título de oficial; los dos siguientes, para el título de maestro industrial.

Estas enseñanzas encuentran continuidad en los centros superiores de educación laboral, pero su mayor tara es la falta de imbricación en el sistema educativo, constituyendo un sistema paralelo. Si a esto unimos el tratamiento presupuestario desigual entre ambos, comprobamos que la formación profesional resulta ser la de las clases más bajas, con lo que la educación reglada, el sistema educativo, se convierte en un perpetuador del estatus socioeconómico vigente.

Entre los aspectos positivos de la ley, podemos señalar la colaboración que se demanda de todas las instituciones implicadas en el tejido industrial del país: empresas, sindicato, diversos ministerios, etc.

En otro orden de cosas, señalemos que tampoco Ruiz-Giménez pudo solucionar la gravísima carencia de escuelas; pero a él es debida la aprobación de una ley regulando la financiación de las construcciones escolares a través de convenios entre el Estado y las diputaciones y ayuntamientos.

En líneas generales, la política del ministro se distinguió por la apertura a nuevos métodos educativos que dieran respuesta a las necesidades recién surgidas, y por su actitud dialogante, evitando el autoritarismo de sus antecesores en el cargo.

10.3 Ministerio de Rubio García Mina

En febrero de 1956, a causa de diferentes movimientos estudiantiles de oposición al régimen, Ruiz-Giménez es cesado, siendo sustituido por Jesús Rubio García Mina, que dio continuidad a la línea marcada por su antecesor.

Entre las medidas que se tomaron durante su ministerio (hasta 1962), podemos destacar el Plan Nacional de Construcciones Escolares, cuyo propósito era acabar con el gran déficit de centros educativos que impedía un mayor desarrollo cultural de la infancia. Los datos apuntan a que el plan, con una duración de cinco años, no obtuvo los resultados deseados, debido a la falta de presupuesto, aunque la situación mejoró sensiblemente.

También durante este periodo, el 20 de julio de 1957, fue promulgada la Ley de Enseñanzas Técnicas, que persigue un *mejor aprovechamiento del valioso potencial humano* dentro de una sociedad en pleno proceso de industrialización, que precisaba de un gran número de técnicos. Dicha ley organiza las escuelas, que son vinculadas al Ministerio de Educación, y señala que pueden ser de dos tipos: de grado medio, que proporcionan el título de aparejador o perito, y de grado superior, que otorgan el título de arquitecto o ingeniero.

Las universidades laborales

Durante el ministerio de Rubio García Mina se aprueba el Estatuto de las Universidades Laborales, auténtico sistema educativo paralelo al del Ministerio de Educación.

Su creación al principio de la década de los cincuenta desde el Ministerio de Trabajo es fruto de la presión realizada por los sectores falangistas, en un capítulo más del enfrentamiento entre la

Iglesia y el partido. El eje de su funcionamiento es la búsqueda de la fusión entre estudio y trabajo. Desde estas instituciones se prioriza la formación religiosa y la formación del espíritu nacional, así como la educación física, algo habitual en los planes de estudios de inspiración falangista. Funcionaban en Sevilla, Tarragona, Córdoba y Gijón. Entre sus recursos disponían de buenos talleres, granjas experimentales, etc.

La mayor parte de alumnos eran becarios del mutualismo laboral, en régimen de internado. A partir del año 1957 se crea el marco jurídico y económico de las universidades laborales, aunque con la sustitución del ministro de Trabajo (Girón de Velasco da paso a Sanz Orrio) se inicia un periodo de decadencia. Sin embargo, la expansión se producirá en la segunda mitad de los años sesenta, gracias a la labor del Programa de Promoción Obrera: se abrirán nuevos centros en Alcalá de Henares, Zaragoza y otros, llegando el número de alumnos que cursaba el bachillerato en estos centros a la cifra de veinte mil.

Con la promulgación de la Ley General de Educación en 1970, las universidades laborales deben someterse a la normativa del Ministerio de Educación. Por ello pasan a convertirse en centros homologados.

Su desaparición definitiva se produce en plena transición hacia la democracia, convirtiéndose en centros de enseñanzas integradas.

10.4 Ministerio de Lora Tamayo

El 10 de julio de 1962 es nombrado ministro de Educación Manuel Lora Tamayo, quien se mantendría en el cargo hasta abril de 1968. Los esfuerzos principales durante estos años se centrarían en la enseñanza primaria, ante la necesidad acuciante de una mejor formación básica, en una sociedad muy distinta a la de los años cincuenta.

10.4.1 Educación primaria

En primer lugar se amplía la escolaridad obligatoria desde los doce hasta los catorce años (ley del 29 de abril de 1964), siendo obligatorio para las empresas exigir a sus nuevos trabajadores el certificado de estudios primarios.

Por otro lado, se atendió a las necesidades de formación del magisterio: con la ley de 21 de diciembre de 1965 se hace imprescindible el título de bachiller superior para ingresar en la escuela normal.

El I Plan de Desarrollo (1964-1967) proyecta construir cerca de 15.000 escuelas: teniendo en cuenta que las necesidades reales se estimaban en aproximadamente el doble, y sabiendo que este plan construyó sólo 12.000, resulta evidente que en el año 1968 la falta de instalaciones seguía siendo angustiosa.

Una última mención en lo referente a la enseñanza primaria la merece la campaña de alfabetización llevada a cabo desde agosto de 1963 hasta junio de 1968: éste era el segundo intento del franquismo de erradicar el analfabetismo del país, después del llevado a cabo por la Junta Nacional contra el analfabetismo desde el año 1950. Esta Campaña Nacional de Alfabetización y Promoción Cultural de Adultos perseguía no sólo la mera alfabetización, sino también la obtención del certificado de estudios primarios, y se dirigía a varones entre quince y sesenta años y mujeres entre quince y cincuenta. Llevada a cabo por cinco mil maestros dedicados en exclusividad a este plan, y contando con la participación de organizaciones estatales y religiosas, llevó a sus aulas a más de 300.000 alumnos, contó con una revista quincenal (*Alba*), etc. El plan finalizó en el año 1968, aunque hasta 1973 no fue suprimido definitivamente, siendo sustituido por el Programa de Educación Permanente de Adultos, ya que se suponía erradicado el analfabetismo (lo que no es cierto: en 1981 se calcula un analfabetismo en España superior al 6%).

10.4.2 Educación secundaria

En lo referente a la enseñanza media, el ministerio (que con Lora Tamayo pasó a llamarse de Educación y Ciencia) homogeneizó el primer ciclo de la enseñanza media, de modo que *toda la juventud española reciba una misma educación durante los años que preceden al despertar vocacional profesional*. Por tanto, a los diez años los alumnos podían escoger entre seguir la enseñanza primaria hasta los catorce años para luego incorporarse al mercado laboral, o bien cursar los estudios de primer ciclo de bachillerato que, con la supresión del bachillerato laboral elemental que se creó en 1949, era único.

10.4.3 Universidad

En cuanto a las universidades, continúa el acercamiento entre las escuelas técnicas y las facultades, reduciéndose el elitismo tradicional de las primeras con objeto de aumentar el número de técnicos de grado medio y superior. En 1965 se crea la figura de los departamentos universitarios, sustituyendo a las antiguas cátedras, mucho más personalistas.

10.5 Villar Palasí y la Ley General de Educación

El 14 de abril de 1968 José Luis Villar Palasí ocupa la cartera de Educación. Durante el tiempo en que desempeñó dicho cargo, hasta junio de 1973, tuvo tiempo de dejar su nombre en una ley que, por su trascendencia, quedará en la historia de la educación en este país: la Ley General de Educación del 4 de agosto de 1970, o Ley Villar.

Resulta interesante analizar el proceso generador de la ley, por ser sumamente novedoso. Según indica el preámbulo, se intentó contar con *el asesoramiento de los sectores profesionales más capacitados y de las entidades más representativas de la sociedad española*. La situación política, no obstante, hacía imposible la puesta en marcha de un auténtico debate público al respecto; pero esto no debe restar méritos al intento, plasmado en el Libro Blanco de la Educación de febrero de 1969, cuyo título es *La educación en España, bases para una política educativa*. La publicación en cuestión estudia la situación de la educación desde una perspectiva muy crítica, concluyendo en la necesidad de llevar a cabo, no una transformación parcial del sistema, sino una reforma profunda del mismo.

El texto legal finalmente aprobado, con algunas modificaciones tras el debate parlamentario, se divide en un título preliminar y cinco títulos, además de las disposiciones finales, transitorias y adicionales.

10.5.1 Fines y principios de la ley

Los fines de la educación que señala son los siguientes:

• *La formación humana integral, el desarrollo armónico de la personalidad y la preparación para el ejercicio responsable de la libertad, inspirados en el concepto cristiano de la vida y en la tradición y cultura patrias [...] todo ello de conformidad con lo establecido en los Principios del Movimiento Nacional y demás Leyes Fundamentales del Reino.*

• *La adquisición de hábitos de estudio y trabajo y la capacitación para el ejercicio de actividades profesionales [...].*

• *La incorporación de las peculiaridades regionales [...].*

Será continuo en toda la ley el choque entre el nuevo espíritu de apertura y la realidad política de un sistema que, aunque en declive, continúa estando basado en el autoritarismo político y la homogeneidad religiosa.

Los principios más destacables que enuncia la ley son los siguientes:

• *La Educación General Básica será gratuita y obligatoria [...].*

• *Igualdad de oportunidades en función de la capacidad personal.*

• *Las entidades públicas y privadas y los particulares pueden promover y sostener centros docentes [...].*

• *El Estado reconoce y garantiza los derechos de la Iglesia católica en materia de educación [...]. Se garantiza asimismo la enseñanza religiosa y la acción espiritual y moral de la Iglesia católica [...].*

10.5.2 *Estructura de la ley*

Ley General de Educación y Financiamiento de la Reforma Educativa

- Exposición de motivos
- Título preliminar
- Título I: Sistema educativo
  - Cap. I: Disposiciones generales
  - Cap. II: Niveles educativos
    - Sec. 1.ª Educación Preescolar
    - Sec. 2.ª Educación General Básica
    - Sec. 3.ª Bachillerato
    - Sec. 4.ª Educación Universitaria
  - Cap. III: Formación Profesional
  - Cap. IV: Educación permanente de adultos
  - Cap. V: Enseñanzas especializadas
  - Cap. VI: Modalidades de enseñanza
  - Cap. VII: Educación especial
- Título II: Centros docentes
  - Cap. I: Disposiciones generales
  - Cap. II: Centros docentes estatales
    - Sec. 1.ª Centros de educación preescolar y general básica
    - Sec. 2.ª Centros de bachillerato
    - Sec. 3.ª Centros de educación universitaria
      - Subsec. 1.ª Normas generales
      - Subsec. 2.ª Estructura de la universidad
      - Subsec. 3.ª Gobierno y representación de la universidad
    - Sec. 4.ª Centros de formación profesional
    - Sec. 5.ª Otros centros estatales
  - Cap. III: Centros no estatales
  - Cap. IV: Colegios mayores y menores. Residencias
- Título III: El profesorado
  - Cap. I: Disposiciones generales
  - Cap. II: Profesorado estatal
  - Cap. III: Profesorado no estatal
- Título IV: Estatutos del estudiante
- Título V: Administración educativa
  - Cap. I: Planeamiento y organización
  - Cap. II: Órganos de la administración educativa
- Disposiciones adicionales
- Disposiciones transitorias
- Disposiciones adicionales

En el título I, dedicado al sistema educativo, aparecen definidos los niveles educativos de la siguiente manera:

• *Educación Preescolar:* se subdivide en una primera etapa, jardín de infancia, para niños de dos a tres años, y una segunda, párvulos, destinada a niños de cuatro y cinco años. El objetivo fundamental en este nivel es contribuir al *desarrollo armónico de la personalidad del niño,* mediante métodos activos para desarrollar la creatividad y la responsabilidad.

• *Educación General Básica* (EGB), que, a lo largo de sus ocho cursos, persigue *proporcionar una formación integral.* Dividida en dos etapas, la primera (6-10 años) tiene un carácter globalizado; en la segunda (11-13 años) se iniciará la diversificación en áreas de estudio. Capacidades a fomentar son, entre otras, la creatividad y la cooperación.

• *Bachillerato Unificado Polivalente* (BUP): consta de tres cursos, cuyo objetivo es, *además de continuar la formación humana de los alumnos,* preparar para el acceso a la universidad o a la formación profesional de segundo grado. El plan de estudios comprende materias comunes, optativas y enseñanzas técnico-profesionales.

• *Educación Universitaria:* se divide en tres ciclos, durando el primero tres años (para obtener el título de diplomado o similar), el segundo dos años (licenciatura) y el tercero, sin duración fija, de preparación para la docencia y la investigación (título de doctor). Para acceder a la universidad es necesario superar el Curso de Orientación Universitaria (COU).

• *Formación Profesional:* además de continuar la formación integral, en ella se persigue habilitar a los alumnos para el ejercicio de una profesión. Se divide en tres grados: al primero

acceden necesariamente los alumnos que no hayan obtenido el título de graduado escolar al finalizar la EGB. Al segundo ciclo se accede con el título de bachiller o habiendo superado el primer grado de la FP. Habiendo aprobado este segundo grado o el primer ciclo universitario se puede acceder a la FP de tercer grado. Ninguno de los grados podrá tener una duración mayor de dos cursos.

Dentro de este sistema también existe la educación permanente de adultos; las enseñanzas especializadas (aquellas que *no estén integradas en los niveles, ciclos y grados que constituyen el régimen común*); las «modalidades de enseñanza», cuyo contenido se ajustará a lo habitual, pero con una organización diferente (por correspondencia, para extranjeros, nocturnos...); y la educación especial, con objeto de incorporar a los deficientes en la vida social.

En el título II se regulan los diferentes tipos de centros docentes, ya sean estatales o no, en todos los niveles educativos. Se destaca que los centros no estatales que impartan enseñanzas gratuitas (EGB y FP de primer grado) deben ser subvencionados.

El título III se refiere al profesorado, indicando la titulación mínima exigida para cada nivel, sus derechos (entre ellos, cierta libertad metodológica, siempre que se ajuste a lo legislado), deberes, etc.

El estatuto del estudiante se considera en el título IV, con derechos tales como elección de centro, orientación educativa y profesional, seguro escolar, etc.

La administración educativa se trata en el quinto y último título, en el que destaca el inicio de una tímida descentralización a través de las delegaciones provinciales del Ministerio de Educación.

10.5.3 *Valoración global de la ley*

10.5.3.1 Aspectos positivos de la ley y su aplicación

Señalemos ante todo la importancia de la reforma realizada. Como bien dice el preámbulo, el marco legal de nuestro sistema educativo hasta 1970 era el aportado por la Ley Moyano (de 1857): aunque es verdad que había sufrido múltiples transformaciones, no es menos cierto que el esquema básico seguía siendo casi idéntico. Por tanto, se hacía ya imprescindible esta nueva organización del sistema.

Debemos también subrayar la modernización del sistema educativo que supone la LGE. Si hasta entonces podía considerarse la enseñanza reglada como un cúmulo de barreras para establecer diferencias entre clases (con una enseñanza primaria para los sectores más populares y una secundaria dirigida a grupos más poderosos), este elitismo tiende a disminuir. Para eso desaparecen los continuos exámenes a que debían enfrentarse los alumnos para superar los diferentes escalones del sistema: *ingreso* para acceder al bachillerato elemental, *reválida* para ingresar en el bachillerato superior, una segunda *reválida* para el curso preuniversitario y otra prueba para acceder a la universidad. En definitiva, una carrera de obstáculos que desaparece en 1970 (si bien es verdad que en la práctica la citadísima *evaluación continua* fue sustituida por otros ejercicios).

Por otro lado, con la existencia de la EGB los programas se homogeneizan para todos hasta los catorce años, eliminándose la discriminación que suponía la doble vía existente hasta entonces, en la que los niños debían escoger a los diez años entre continuar estudios primarios o cursar el bachillerato.

Como ya hemos señalado, la metodología empleada para la elaboración de la ley también fue novedosa: la publicación del Libro Blanco suponía un nuevo modo de proceder por parte de los legisladores, aunque a la hora de la verdad sólo ciertas instituciones pudiesen aportar su opinión al respecto. Evidentemente, el fin del sistema se veía próximo.

En lo relativo a la segunda enseñanza, el problema a resolver continúa siendo el mismo que surgía el siglo pasado y que ya hemos comentado en diversas ocasiones: ¿es este nivel un fin en sí mismo —*carácter terminal*— o es un paso hacia los estudios superiores —*carácter propedéutico*—? La ley admite estas dos vertientes como válidas, señalando que la enseñanza media debe cumplir ambos propósitos a la vez.

La formación profesional se plantea de forma adecuada, en un importante esfuerzo modernizador por parte de los legisladores.

El tratamiento que recibe la educación como tarea permanente, con un capítulo dedicado a la educación de adultos, también es una novedad gratificante desde todos los puntos de vista.

En líneas generales, la ley supone un esfuerzo de modernización de un sistema que, con objetivos propios de sociedades decimonónicas, seguía anclado a métodos obsoletos y dirigido por una administración acuñada cien años atrás.

10.5.3.2 Aspectos negativos de la ley y su aplicación

Uno de los grandes errores en la aplicación de la LGE consistió en la escasa correlación entre lo legislado por el Ministerio de Educación y la fiscalidad existente. Para que la ley funcionara correctamente hubiera sido necesaria una reforma fiscal profunda, que aumentara el presupuesto dedicado a la enseñanza, algo que no se hizo y supuso que algunas de las principales intenciones de la ley, como la gratuidad en la educación preescolar, fuese inaplicable.

Otro error que todos los autores coinciden en señalar fue la excesiva legislación posterior que fue apareciendo como desarrollo de la ley, de tal amplitud que convirtió su seguimiento y aplicación en una misión imposible para los centros y el profesorado.

La formación profesional, que como hemos señalado tenía un correcto planteamiento, no ha respondido a lo esperado. Entre las causas que han originado esta decepción podemos señalar como la principal el que no fuese plenamente incorporada al sistema: de hecho, su tratamiento en la ley se produce en capítulo distinto a los niveles de preescolar, EGB, BUP y universitario. A la formación profesional de primer grado no accedían aquellas personas que tras finalizar la EGB deseaban recibir unas enseñanzas que facilitaran el acceso a un empleo: en la realidad, sólo la cursaban los alumnos que no obtenían el graduado escolar. La de segundo grado, con unos resultados mejores, pecaba de academicista y lejana al mundo empresarial. La de tercer grado no llegó siquiera a ponerse en funcionamiento. Por otro lado, cabe señalar también que con el tiempo parece comprobarse que el comienzo de la formación profesional no debe ser a los catorce años, sino algo después, a fin de que los alumnos conozcan y manifiesten ya sus preferencias vocacionales.

El bachillerato, si en principio se planteaba con una vertiente práctica y técnico-profesional, terminó configurándose, merced a los numerosos decretos posteriores, en un foco de academicismo y teoría, sin auténtico valor, salvo como acceso a la universidad. El adjetivo *polivalente* nunca se asumió, ya que debía llevarse a la práctica fundamentalmente a través de materias optativas: materias éstas que apenas se ofertaron.

La universidad no pudo llevar a cabo la apertura prevista, por provenir la ley de un sistema dictatorial al que se ha venido enfrentando desde los inicios del mismo. La autonomía universitaria, legislada en la LGE, no llegó a ser real.

En todo caso, y a pesar de las múltiples posturas y opiniones existentes en torno a la Ley Villar, lo que parece irrefutable es el hecho de su trascendencia.

11

LA EDUCACIÓN DURANTE
EL REINADO DE JUAN CARLOS I

Tras la muerte de Franco el país cambia de régimen político. La transición fue posible gracias al esfuerzo combinado de personas que, partiendo de distintas creencias e ideologías, fueron capaces de consensuar unos mínimos imprescindibles para la convivencia democrática, ante la evidencia del riesgo que entrañaba levantar las viejas ampollas de «las dos Españas».

Este cambio sin precedentes, hoy convertido en modelo de transición de una dictadura a una democracia, no hubiera sido posible si no se hubiesen dado diversos factores que allanaron el camino: los nada desdeñables cambios que se habían producido desde los años sesenta en la estructura socioeconómica española; la organización de la oposición democrática (en la clandestinidad) en diferentes asociaciones políticas: la Junta Democrática de España y la Plataforma de Convergencia, que se unirán en Coordinación Democrática, conocida popularmente como la *Platajunta;* el talante democrático del sucesor (escogido por el propio Franco, lo que le avalaba ante ciertas esferas de poder); etc.

11.1 La Constitución de 1978 y la educación

Resulta evidente que el gran logro de este empeño conjunto vio forma en la Constitución de 1978, obtenida mediante el consenso de los grupos representados en el Parlamento.

Aunque son varios los artículos que tratan temas referidos a la educación, es el 27 el que se dedica de lleno a tan complicado y polémico asunto. Basta releer estas páginas para contemplar cómo, a lo largo de nuestra historia, la educación se ha convertido en campo de batalla de la guerra política, desde el convencimiento de su papel en el control de la sociedad.

En la Constitución vigente se enfrentan las dos posturas tradicionales en este campo: una, con el protagonismo cedido a la libertad de enseñanza, representada en este caso por la UCD de Adolfo Suárez; y otra, que pone el acento en la igualdad, defendida por el entonces principal partido de la oposición, el PSOE.

Es necesario decir que la elaboración del ya mencionado artículo 27 fue harto complicada y sólo fue posible merced a los acuerdos entre derecha e izquierda; los diferentes grupos tuvieron que ceder en algunas de sus pretensiones para alcanzar un acuerdo que contentara, al menos en parte, a todos. Las ideas clave son las siguientes:

- Aceptación de la educación como derecho fundamental.
- Libertad de enseñanza.
- Obligatoriedad y gratuidad de la enseñanza básica.
- Libertad de creación de centros docentes.
- Derecho a recibir formación religiosa.
- Existencia de una programación de la enseñanza por parte del Estado.
- Autonomía de las universidades.

De este modo, la Constitución de 1978 aporta el marco de obligada referencia para las leyes que, posteriormente, han configurado nuestro actual sistema educativo.

11.2 Gobiernos de UCD

En los años que transcurren desde la promulgación de la Carta Magna hasta la victoria del PSOE en 1982, los sucesivos ministros de Educación de la UCD se enfrentan a un ambiente de crispación, de manera que difícilmente pueden generar una legislación que desarrolle el artículo 27 de la Constitución: así, son varios los proyectos de ley que quedan en el tintero.

La Ley Orgánica reguladora del Estatuto de Centros Escolares, LOECE, de 19 de junio de 1980, no aporta tranquilidad a la incómoda situación del mundo educativo. El Partido Socialista consideró que no reflejaba el espíritu constitucional, fundamentalmente en lo concerniente a la libertad de cátedra y de conciencia y a la participación de la comunidad educativa en los centros mantenidos con fondos públicos. El Tribunal Constitucional corroboró, en algunos puntos, esta opinión del partido de la oposición.

Las órdenes reguladoras de los contenidos mínimos para los diferentes ciclos de la enseñanza obligatoria tampoco solventaron los problemas existentes en el sistema educativo vigente.

11.3 Gobiernos del PSOE

El 28 de octubre de 1982 el PSOE obtiene la mayoría absoluta. Por tanto, alcanza el poder un grupo que definía la educación, principalmente, como servicio público; es decir, la preocupación vuelve a ser, como ya ocurriera antes en la historia del siglo, el acceso de todos, en condiciones de igualdad, al sistema educativo. Para ello, el Ministerio de Educación y Ciencia, dirigido por Maravall, dispuso una serie de medidas referentes a la educación de minorías (poblaciones en situación de riesgo social o discapacitados) y a la educación de adultos, además de un ambicioso plan de becas para la enseñanza no obligatoria.

11.3.1 Ley de Reforma Universitaria (LRU)

La LRU de 1983 viene a regular la situación de una universidad saturada y sin unos planes suficientemente organizados.

Según esta ley, debían ser las propias universidades las responsables de llevar a cabo las imperiosas transformaciones para superar los numerosos problemas existentes.

Mediante esta ley orgánica se dota a la universidad de autonomía, que debe manifestarse en diferentes aspectos de su funcionamiento:

• *Autonomía académica,* pudiendo por tanto impartir titulaciones propias además de las oficiales.

• *Autonomía económica,* que permite que las universidades elaboren sus propios presupuestos.

• *Autonomía de gobierno,* mediante los estatutos que para su propio funcionamiento elabora cada universidad.

Por otro lado, se considera que la universidad debe ser un servicio público financiado por el Estado; no obstante, también se da vía libre a la existencia de universidades privadas.

Otro aspecto resaltable de la ley es el arranque de la reforma de los planes de estudio, tema aún hoy sin resolver.

11.3.2 Ley Orgánica reguladora del Derecho a la Educación (LODE)

En 1985 es aprobada la LODE, que, como se señala en su Preámbulo, se trata de *una nueva norma que desarrolle cabal y armónicamente los principios que, en materia de educación, contiene la Constitución española, respetando tanto su tenor literal como el espíritu que presidió su redacción, y que garantice al mismo tiempo el pluralismo educativo y la equidad.*

Para alcanzar su propósito organiza los centros escolares en públicos y privados. Estos últimos, a su vez, pueden ser de dos tipos: los que se sostienen con fondos privados, y los que son sostenidos por fondos públicos, que son denominados centros concertados y aparecen regulados en el título IV: deberán impartir gratuitamente las enseñanzas obligatorias y aplicar los criterios de la LODE para admisión de alumnos, participación de la comunidad educativa, etc. Los criterios para establecer conciertos se regulan en real decreto de 18 de diciembre de 1985.

La LODE, que defiende una concepción participativa de la actividad escolar, regula la participación de los sectores implicados en el funcionamiento de los centros, a través de los órganos de gobierno unipersonales (principalmente director y jefe de estudios) y los colegiados (que son básicamente consejo escolar y claustro).

En todo caso, la aprobación de la ley estuvo rodeada de grandes polémicas, que retrasó su sanción varios meses, a causa de las protestas de alumnos y profesores, y de los recursos de inconstitucionalidad presentados por la oposición. Finalmente, y tras las escasísimas modificaciones exigidas por el Tribunal Constitucional, fue sancionada el 3 de julio de 1985, lo que suponía la derogación de la LOECE de 1980.

11.3.3 Ley Orgánica de Ordenación General del Sistema Educativo

11.3.3.1 La necesidad de una reforma educativa

Como ya hemos ido viendo, desde su llegada al poder en 1982, el PSOE emprende una serie de reformas en el sistema educativo. Pero en los últimos años de la década se evidencia la necesidad de un cambio más profundo, esto es, se requiere la sustitución de la Ley General de Educación del setenta por una nueva.

Los motivos que encontramos son muchos y de muy variada índole:

• Por un lado y a pesar del talante aperturista de la LGE, no podemos olvidar que fue redactada antes del cambio de sistema político: por ello, no introduce las exigencias de una Constitución ocho años posterior a ella. Por ejemplo, la aparición del Estado de las autonomías.

• En segundo lugar cabe mencionar la nueva —y aún cambiante— situación social, fundamentalmente en lo relativo al mercado laboral. El sistema educativo debe dar respuestas adecuadas a un mundo profesional que oferta nuevas maneras de empleo —a tiempo parcial, temporal...—, un ámbito que requiere hoy personas con una mayor capacidad de adaptación al cambio, iniciativa, facilidad para aprender, etc.

• Un tercer aspecto importante es el de la necesaria adaptación a las formas de hacer de la Unión Europea, de manera que las titulaciones puedan ser convalidadas en cualquiera de los países integrantes de la misma.

Otros motivos que hacen necesaria la reforma los encontramos en el preámbulo de la LOGSE. Recogemos aquí textualmente algunos de ellos:

[...] la carencia de configuración educativa del tramo previo al de la escolaridad obligatoria, el desfase entre la conclusión de ésta y la edad mínima laboral [...], la configuración de esta Formación Profesio-

nal como una vía secundaria [...], el diseño exclusivamente propedéutico del bachillerato, prácticamente orientado como una etapa hacia la universidad [...].

Por tanto, y a pesar de los evidentes avances obtenidos merced a la aplicación de la LGE, no podía seguir retrasándose la redacción de la nueva ley.

11.3.3.2 El camino hacia la nueva ley de educación

El proceso para la elaboración de esta reforma fue lento, como no podía ser de otra manera, teniendo en cuenta el alcance de la propuesta.

En junio de 1987 se presentó el *Proyecto para la Reforma de la Enseñanza. Propuesta para el debate,* que presentaba un primer boceto para la transformación del sistema, basado en parte en los resultados obtenidos en las reformas experimentales que venían llevándose a cabo en los últimos años. Aquí ya se enuncian algunas de las características que aparecerán en la ley, como por ejemplo: importancia de la extensión de la educación infantil a la mayoría de la población; ampliación de la educación obligatoria hasta los 15 o los 16 años, presidida por el principio de comprensividad; reforma del bachillerato y de la formación profesional para dignificar esta última; existencia de unas enseñanzas mínimas dictadas por el Estado y que deberían ser concretadas por las comunidades autónomas y los claustros de profesores, etc.

Este proyecto fue sometido a la crítica de la comunidad educativa: se comprobó que, aunque todavía debía ser pulido y perfeccionado, casi todos los sectores implicados se mostraban de acuerdo en la necesidad de una reforma seria y decidida del sistema.

Tras la sustitución del ministro Maravall por Javier Solana, fue publicado el *Libro Blanco para la Reforma del Sistema Educativo* (1989), que, en líneas generales, ratifica lo anteriormente esbozado. Podemos destacar que en este documento ya parece claro que el Gobierno se decantaría por una educación obligatoria desde los 6 hasta los 16 años, descartando la opción de 6 a 15. Más adelante se presenta el anteproyecto de ley, que recibe críticas de diverso signo, como las realizadas por la Conferencia Episcopal en relación con el trato recibido por parte de la religión (no obligatoria para los alumnos, pero sí para los centros). Finalmente, y tras las diferentes enmiendas aprobadas en el Congreso y el Senado, algunas de cierta importancia, como las relativas a las competencias del Estado y las comunidades autónomas, la ley es sancionada el 3 de octubre de 1990, apareciendo publicada en el *Boletín Oficial del Estado* al día siguiente.

11.3.3.3 Objetivos de la ley

Podemos señalar fundamentalmente dos fines principales:

En primer lugar, la mejora de la calidad de la enseñanza: en este aspecto debemos subrayar que con este término no se hace exclusiva referencia a los resultados instruccionales de los alumnos. No es la única función del sistema que los alumnos adquieran muchos conocimientos, ni tan siquiera la principal. Se pretende, como se señala en el preámbulo de la ley, *proporcionar [...] una formación plena que les permita conformar su propia y esencial identidad, así como construir una concepción de la realidad que integre a la vez el conocimiento y la valoración ética y moral de la misma. [...] ejercer, de manera crítica y en una sociedad axiológicamente plural, la libertad, la tolerancia y la solidaridad.* También son considerados criterios de calidad la satisfacción del profesorado, la atención a la diversidad de los alumnos (manteniendo uno de los principios más destacados de la reforma, el de comprensividad), la participación de la comunidad educativa en el funcionamiento de los centros y otros.

Como segundo gran objetivo señalamos el de garantizar la equidad en la educación, a fin de evitar la segregación hacia los sectores desfavorecidos socialmente, como las minorías étnicas, los alumnos con discapacidades o el mundo rural.

Parece importante subrayar qué supone uno de los grandes cambios que conlleva la reforma: la ampliación de la educación obligatoria hasta los 16 años. Ampliar en dos años la obligatoriedad, y consiguientemente la gratuidad, es un paso importante hacia la igualdad de acceso de los alumnos a la educación. De esta manera, se retrasa la elección de los alumnos hacia los estudios académicos o los profesionales y se amplía la duración de los estudios comunes, posibilitando que los alumnos de zonas más desfavorecidas reciban una mejor y más completa educación básica, lo que les facilitará el acceso al empleo (que cada vez es más exigente en cuanto a formación). Es por tanto un instrumento básico (aunque no el único) para el objetivo señalado en el párrafo anterior.

11.3.4 Estructura de la ley

Ley Orgánica de Ordenación General del Sistema Educativo

- Preámbulo
- Título preliminar
- *Título I*: Enseñanzas de Régimen General:

Educación Infantil
Educación Primaria
Educación Secundaria
Educación Secundaria Obligatoria
Bachillerato
Formación Profesional
Educación Especial
* *Título II:* Enseñanzas de Régimen Especial:
Enseñanzas artísticas
Música y danza
Arte dramático
Artes plásticas y diseño
Enseñanza de idiomas
* *Título III:* Educación de las Personas Adultas
* *Título IV:* Calidad de la Enseñanza
* *Título V:* Comprensión de las desigualdades en la Educación
* Disposiciones adicionales
* Disposiciones transitorias
* Disposiciones finales

Vamos a analizar cada uno de los títulos de la LOGSE.

En lo referente a la organización del sistema, existen unas enseñanzas de *Régimen general* y otras de *Régimen especial*.

Dentro de las primeras, tratadas en el título I, encontramos la educación infantil, educación primaria, educación secundaria, formación profesional de grado superior y educación especial.

* *Educación Infantil:* es una de las etapas más novedosas, que transcurre entre los cero y los seis años y se divide en dos ciclos de tres cursos cada uno. Es una etapa no obligatoria, a la que se otorga gran valor pedagógico ya desde el primer curso. Se divide en tres áreas de conocimiento: Identidad y autonomía personal; Medio físico y social; Comunicación y representación.

* *Educación Primaria (6-12 años):* comprende tres ciclos de dos cursos cada uno. Persigue *proporcionar a todos los niños una educación común*. Se organiza en seis áreas de carácter globalizador e integrador. Dichas áreas son: Conocimiento del medio natural, social y cultural; Educación artística; Educación física; Lengua castellana y literatura; Lenguas extranjeras; Matemáticas. A éstas hay que añadir la lengua oficial propia de cada comunidad autónoma, en el caso de que exista. Esta etapa sólo puede ser impartida por maestros, siendo necesaria la especialización para las enseñanzas de música, idiomas extranjeros y educación física.

* *Educación Secundaria Obligatoria:* algunas de las principales novedades —y las principales críticas— aparecen en esta etapa del sistema. La ESO incluye los antiguos 7.° y 8.° de EGB y los dos primeros cursos de las enseñanzas

medias (BUP o FP); por tanto, se prolonga la educación gratuita y obligatoria hasta los 16 años. En este nivel se compagina el principio de comprensividad con una creciente diversificación a medida que se avanza en la etapa. Se divide en dos ciclos, con un total de cuatro cursos.

La ESO prepara a los alumnos para continuar sus estudios (en el bachillerato o en la FP de grado medio) o para incorporarse al mercado de trabajo.

Al igual que la etapa anterior, se organiza en áreas de conocimiento, aunque con un campo de estudio más delimitado, esto es, con menor globalización.

En el primer ciclo (1.º y 2.º cursos), las áreas obligatorias son: Ciencias de la Naturaleza; Ciencias sociales, Geografía e Historia; Educación física; Educación plástica y visual; Lengua castellana y literatura Lengua extranjera; Matemáticas; Música; Tecnología; además de la lengua oficial propia de la comunidad autónoma en que sea diferente del castellano. Además, los alumnos pueden escoger una optativa. Como ocurre en la Educación Primaria, los centros deben ofertar obligatoriamente la religión, que tendrá carácter voluntario para los alumnos.

En el segundo ciclo (3.º y 4.º cursos) se imparten las mismas áreas pero los alumnos también deben escoger dos optativas; ade-

más, en cuarto curso elegirán dos entre estas cinco áreas: Ciencias de la Naturaleza; Física y Química; Educación plástica y visual; Música; Tecnología.

Respecto a la atención a la diversidad de intereses y capacidades de los alumnos, tema de gran relevancia a estas edades (preadolescencia y primera adolescencia), son varias las estrategias programadas:

a) Las materias optativas.

b) Las adaptaciones curriculares.

c) La diversificación curricular, es decir, la reorganización del currículo para los alumnos con más dificultades, de manera que puedan obtener el título de graduado en educación secundaria.

d) Los programas de garantía social, dirigidos a los alumnos que no pueden obtener la titulación por no alcanzar los objetivos mínimos, ofertándoles así unas enseñanzas mínimas para incorporarse al mundo laboral o reincorporarse a los estudios.

La ESO debe ser impartida por licenciados, ingenieros o arquitectos, que deberán obtener un título profesional de especialización didáctica.

• *Bachillerato (16-18 años):* consta de dos cursos no obligatorios.

Se organiza en cuatro modalidades: Ciencias de la Naturaleza y de la salud; Humanidades y Ciencias sociales; Tecnología; Artes.

Todos los alumnos de bachillerato deben cursar unas materias comunes: Educación física; Lengua y Literatura castellana; Filosofía; Idioma extranjero e Historia. Además, cada alumno debe cursar las materias propias de su modalidad, así como una optativa en el primer curso y dos en el segundo.

Al igual que ocurre en la ESO, el Estado fija unas enseñanzas mínimas que suponen el 55 o el 65% del horario (en función de si existe una lengua oficial diferente del castellano o no); las mayores diferencias entre comunidades autónomas las podemos encontrar en las materias optativas.

Estas enseñanzas, impartidas por profesores con idénticas titulaciones que

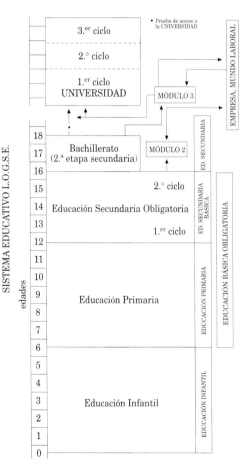

en la ESO, otorgan el título de bachiller y facultan para el acceso a la formación profesional de grado superior o a la universidad (siempre que se supere una prueba de acceso). Particular importancia tiene el hecho de que no se dirija en exclusiva a preparar para la universidad (una universidad masificada y sin expectativas de empleo). Para ello, resulta de vital importancia la oferta de una formación profesional atractiva y en estrecha relación con el mercado laboral.

• *Formación Profesional:* esta etapa ha sufrido profundas transformaciones. La LOGSE trata de sacarla de la situación de *cenicienta* que ocupaba en el sistema educativo anterior, colocándola dentro de las enseñanzas de régimen general, con objeto de no crear un sistema paralelo. En la Educación Secundaria (obligatoria y posobligatoria) se incluye la formación profesional de base, de manera que todos los alumnos reciben una formación en este sentido.

A continuación está la Formación Profesional específica (no obligatoria), dividida en grado medio y grado superior, orientada a preparar al alumno para el ejercicio de una profesión.

A la formación profesional de grado medio puede accederse con la titulación de graduado en educación secundaria (al finalizar la ESO); para la de grado superior es necesario el título de bachiller.

La duración de cada uno de los dos ciclos (el medio y el superior) es variable; las enseñanzas se dividen en módulos, en los que se incluye la realización de prácticas en centros de trabajo.

Para impartir estas enseñanzas se requieren las mismas titulaciones que para la ESO y el Bachillerato, aunque por las características especiales de estas enseñanzas en ocasiones pueden admitirse otras.

Al finalizar los estudios de FP de grado medio se obtiene el título de técnico, mientras que al terminar el grado superior se obtiene el título de técnico superior en la correspondiente profesión.

Las enseñanzas artísticas y las de idiomas conforman las *Enseñanzas de régimen especial,* tal como se trata en el título II de la LOGSE. Las primeras pueden ser de Música y danza; Arte dramático, y Artes plásticas y Diseño. Las segundas se impartirán en las escuelas oficiales de idiomas, y aparecen reguladas en decretos posteriores.

La educación de adultos se regula brevemente en el título III. La Administración se hace responsable de que todas las personas puedan adquirir, actualizar o complementar sus conocimientos.

El título IV se dedica en

exclusiva a la calidad de la enseñanza (objetivo prioritario de la LOGSE), señalando como factores de la misma la cualificación del profesorado; la programación docente; los recursos educativos y la función directiva; la innovación e investigación educativa; la orientación educativa y profesional; la inspección, y la evaluación del sistema educativo. Para cumplir con esta última función se crea el Instituto Nacional de Calidad y Evaluación (INCE).

A la compensación de las desigualdades en la educación, una de las principales preocupaciones en la política educativa del PSOE, dedica el título V. Para lograrlo, *los centros cuyos alumnos tengan especiales dificultades para alcanzar los objetivos generales de la educación básica debido a sus condiciones sociales* recibirán los recursos que precisen para compensar estas situaciones. Asimismo, el Estado se compromete a arbitrar becas, ofertar plazas escolares bien distribuidas territorialmente, en actuación conjunta con las comunidades autónomas.

11.3.5 Las 77 medidas para mejorar la calidad de la enseñanza

En el año 1994, siendo ministro Suárez Pertierra, desde el Ministerio de Educación y Ciencia se observó la necesidad de dotar a la reforma educativa de un nuevo empuje. Se publica así un documento, titulado *Centros educativos y calidad de enseñanza,* dividido en cuatro apartados:

• *La calidad de la educación en el proceso de reforma.*
• *Ámbitos y factores de calidad.*
• *Medidas para mejorar la calidad de la enseñanza.*
• *El horizonte de la calidad educativa.*

Particular difusión disfrutó el tercero de los apartados expuestos, en el que aparecían 77 iniciativas, divididas del siguiente modo:

1. Educación en valores.
2. Igualdad de oportunidades.
3. Autonomía de los centros.
4. Dirección y gobierno de los centros.
5. Profesorado.
6. Evaluación e inspección.

11.3.6 Ley Orgánica de la Participación, la Evaluación y el Gobierno de los Centros docentes

En noviembre de 1995 es aprobada la LOPEGCE, que viene a complementar el marco establecido por la LODE y la LOGSE.

A través de sus cuatro títulos y sus disposiciones, trata de regular y profundizar en los principios de participación y democratización, con objeto de mejorar la calidad educativa.

El título I, en su capítulo primero, regula la participación de la Administración, los profesores, padres y alumnos; en el segundo capítulo trata el tema de la autonomía, tanto pedagógica como de gestión, de los centros.

El título II revisa el tema de los órganos de gobierno: consejo escolar, claustro de profesores, dirección.

El título III dedica su único capítulo a la evaluación de los diferentes ámbitos del sistema educativo: centros, profesorado, directivos e inspección.

En el título IV se aborda precisamente el tema de la inspección educativa, regulando todo lo concerniente a la misma: normas de acceso a la misma, funciones, etcétera.

En definitiva, los años de gobierno socialista sirvieron para desmantelar los restos del edificio educativo franquista, poniendo en marcha un nuevo sistema educativo que a día de hoy está todavía en fase de implantación.

11.4 Gobierno del PP

En marzo de 1996 el Partido Popular gana las elecciones, aunque sin alcanzar la mayoría absoluta, lo que le obligaría a llegar a acuerdos con las fuerzas que le apoyan.

Esta necesidad del PP de pactar con sus socios de gobierno y con las comunidades autónomas, lo que ralentiza todas las decisiones, unido al todavía escaso tiempo transcurrido desde su acceso al poder, hace que lo que se comenta en las siguientes páginas deba ser leído bajo el prisma de lo inacabado. Será necesario que la legislatura avance hacia su final para poder realizar un balance más completo.

11.4.1 Programa electoral

En el programa electoral que presentó el Partido Popular podemos encontrar las líneas fundamentales en lo referente a la educación:

• Aumento de la calidad: para lograrlo se plantean soluciones como la ampliación de los contenidos humanísticos, el aumento del gasto educativo o la reforma del Ministerio de Educación y Ciencia.

• Libertad de enseñanza, entendida en términos muy similares a los que tradicionalmente han empleado los partidos conservadores: derecho de los padres a elegir la institución educativa que consideren idónea para sus hijos y libertad de creación de centros docentes. Una vez más, y como viene ocurriendo desde el siglo pasado, el difícil equilibrio libertad-igualdad se inclina hacia la primera.

11.4.2 Actuaciones realizadas

Como primera medida podemos citar la creación del

Ministerio de Educación y Cultura, dirigido por Esperanza Aguirre, quien el 26 de mayo de 1997, en la muy polémica conferencia impartida en el Club Siglo XXI de Madrid, criticaría con vehemencia lo realizado por el PSOE y mostraría un talante de signo claramente neoliberal, insistiendo en el par calidad-libertad. Desde su punto de vista la comprensividad, clave de la LOGSE, supone un descenso en la exigencia. En el mismo foro señaló diversas medidas que afrontaría inmediatamente el ministerio: realización de una investigación sobre la calidad del sistema, tramitación de un real decreto sobre humanidades y traspaso de las competencias en educación no universitaria a todas las comunidades que aún no disfrutaban de ellas.

11.4.2.1 Investigación sobre la calidad educativa

El 9 de marzo de 1998 se presentó la investigación realizada por el INCE sobre la situación de la enseñanza secundaria. Según ésta, los resultados son preocupantes, en especial en las áreas de Matemáticas, Lengua y literatura e Historia. En todo caso, el informe quedó envuelto en la polémica y en las muy diferentes lecturas de los datos realizados por los distintos grupos parlamentarios y comunidades autónomas. Hay que hacer constar que los malos resultados obtenidos por los alumnos de 14 a 16 años no parecen achacables a la LOGSE, ya que la mayoría de estos alumnos seguían estudios según lo legislado en la Ley General de Educación de 1970: esto facilitó las diferentes lecturas de sus resultados.

11.4.2.2 Real Decreto sobre Humanidades

Respecto al tema de las humanidades, la comisión creada para estudiar el asunto, presidida por Juan Antonio Ortega Díaz-Ambrona, elabora un informe que incluye un paquete de veinte medidas a tomar, entre las que podemos señalar la mejora del currículo de Lengua castellana y literatura y Ciencias sociales, además de la ampliación del horario de dichas materias; racionalización de la oferta de optativas; refuerzo de la enseñanza de inglés y de lengua castellana y literatura en educación primaria. Para el aumento del horario de las áreas señaladas se reducirá el número de materias optativas. En todo caso, parece que serán las comunidades autónomas las encargadas de poner en práctica estas propuestas.

11.4.2.3 El traspaso de competencias

Éste es un asunto que, ya desde que se inició, ha sufrido múltiples retrasos. El tema más delicado es el referente a la clarificación de las funciones del ministerio cuando las comunidades autónomas posean plenos poderes en educación. Aunque parece que desde las partes implicadas se sostiene que deben existir recursos comunes para todo el Estado, como el INCE, no parece estar muy clara la forma de coordinación con las comunidades autónomas ni la nueva organización del funcionariado.

11.4.2.4 Los libros de texto

También los libros de texto han cobrado protagonismo en los últimos años. La propuesta de liberalización de los precios, con la consiguiente supresión de la ley de precio fijo, que impide realizar más de un 5% de descuento en la venta de los libros por ser considerados bienes culturales, despertó tantas críticas como halagos. Finalmente, para el curso 1998-1999 se acordó aumentar el posible descuento hasta el 12%. Previsiblemente se mantendrá esta medida durante el curso 1999-2000. Para unos, la liberalización beneficiará a las familias; para otros, disminuirá la calidad, ya que todas las editoriales tratarán de reducir los costes, y supondrá un mayor enriquecimiento de las grandes superficies merced a la ruina de las pequeñas librerías.

Por otro lado, el ministerio decidió también la supresión de la autorización administrativa previa para la edición de libros de texto en las comunidades autónomas de su competencia.

11.4.2.5 La enseñanza universitaria

En lo referente a este nivel, lo más destacado es el real decreto de 30 de abril de 1998, por el cual las universidades deben modificar sus planes de estudio (una reforma más, la tercera en diez años) para evitar que un alumno curse más de seis asignaturas simultáneamente. Esta medida resulta especialmente acertada dado que los alumnos de muchas carreras están soportando unos currículos enormemente sobrecargados de asignaturas.

11.4.3 Declaración conjunta en favor de la educación

En líneas generales, la política del ministerio echó a andar con grandes críticas hacia la LOGSE; críticas que, hasta la fecha con demasiada frecuencia, no han ido acompañadas de propuestas de mejora, como en el caso de la prueba de selectividad. En este ambiente de grandes dudas en torno a la reforma, el 17 de septiembre de 1997 se produce un hito importante en la educación española: la firma, por parte de los representantes de dieciocho organizaciones de muy diferente signo relacionadas con la educación, desde la CONCAPA a la CEAPA, desde la FERE a CC OO, de una *Declaración conjunta en favor de la educación*. En ella, tal y como se lee en su presentación, *por primera vez en la historia de las enseñanzas básicas de nuestro país se logra coincidir en la formulación de los objetivos más urgentes para mejorar la calidad y la equidad de la educación*.

La idea principal del texto es el respaldo a las líneas básicas de la reforma y la necesidad de convertir la educación en una cuestión de máxima prioridad nacional. Para ello se pide un incremento del presupuesto dedicado al sistema educativo, con especial insistencia en la coordinación entre ministerio y administraciones de las comunidades autónomas, cuando ya se ha señalado que el proceso por el que estas últimas asumirán plenas competencias parece llegar a su fin.

Hay que hacer constar que un año después de la firma del documento, el ministerio no había ofrecido respuesta alguna al mismo: por ello, en septiembre de 1998 las asociaciones firmantes lanzan un comunicado para insistir en la necesidad de convertir la educación en tema «de máxima prioridad», y que esto

aparezca reflejado en un importante incremento en los Presupuestos Generales del Estado.

11.4.4 La tarea pendiente

En estos momentos, con la ampliación de la enseñanza obligatoria, al generalizarse el tercer curso de la ESO, el mundo educativo afronta un momento determinante.

Hoy debe exigirse a todas las administraciones educativas, ministerio y comunidades autónomas, un esfuerzo por buscar el consenso. La reforma exige un importante incremento presupuestario para que no quede abortada. Una vez más, como se ha recogido a lo largo de estas páginas, existe el riesgo de que una propuesta de renovación quede en el tintero. Por supuesto, la LOGSE y la legislación que la desarrolla pueden ser mejoradas: lo que no se puede es dejarla naufragar, al menos mientras no se proponga una alternativa que la sustituya.

En temas como el de la imprescindible apuesta por una formación profesional dignificada y con medios adecuados es donde una vez más se pone en juego un asunto de máxima envergadura: la educación de los ciudadanos del siglo XXI.